Origin

Science & Life

本心

[美] 刘国瑞 —— 著

科学与人生

中信出版集团 | 北京

图书在版编目（CIP）数据

本心：科学与人生 /（美）刘国瑞著 . -- 北京：中信出版社 , 2025. 4. -- ISBN 978-7-5217-7309-5

Ⅰ . K837.126.16

中国国家版本馆 CIP 数据核字第 2025JH6206 号

本心——科学与人生

著者：　　［美］刘国瑞
出版发行：中信出版集团股份有限公司
　　　　　（北京市朝阳区东三环北路 27 号嘉铭中心　邮编　100020）
承印者：　　嘉业印刷（天津）有限公司

开本：880mm×1230mm 1/32　　印张：8.5　　字数：158 千字
版次：2025 年 4 月第 1 版　　　　印次：2025 年 4 月第 1 次印刷
书号：ISBN 978-7-5217-7309-5
定价：79.00 元

版权所有·侵权必究
如有印刷、装订问题，本公司负责调换。
服务热线：400-600-8099
投稿邮箱：author@citicpub.com

楔子

西潮漫涌破浪来
激思冲俗荡百年
东风既起
半世负笈万里重洋
际会风云寒彻骨
问学甲子白了鬓
落叶无处不归根
寻道何处且莫问
天下贤士豪侠尽结之
常做烟客主人江上来

——献给追梦的人

2024 年于美国马里兰州波托马克

目录

推荐序 ——PVII

一　　缘起 ——P001
一个人的特质显现于在没有人看见时所做的事情，诚信是一切成功的本质。承诺就是承诺，无须任何形式来约定。

二　　童年 ——P008
左邻右舍的小孩一起玩耍，没有电玩，女孩玩布娃娃和家家酒，男孩有各种技艺竞赛。与现在最大的差别在于那时的游戏是人与人之间的互动，现在是人与机器的斗智。科技的进步是幸与不幸，真是见仁见智。

三　　启蒙 ——P015
我在卫道中学度过了愉快的三年，我的独立思考能力和对数理科学的热爱皆源于此。这是我人生启蒙的地方。

四　　立志 ——P020
我总喜欢和同学到铁道上散步，看火车疾驶而过，那轰隆轰隆的声响震撼我的心头，顿生一种莫名的感动。冥冥之中我注定日后会成为一个驰骋科学的工程师。

| 五 | 大学 | ——P027 |

大学四年多元多样的基础教育，深深地启发我未来为人处世的态度，也为我扎下人生哲学的深根。那是一个立大志的地方。

| 六 | 决议深造 | ——P036 |

从寝室的窗口望去就是北投阳明山的山岭，有一座金黄色的宫庙独立在那山林的中间，周围都是茂密的树林。当我远远地望见它时，内心深处就会涌上一股希望，告诉自己很快就会出去，离开这里的束缚。

| 七 | 负笈 | ——P046 |

一门课就是一门基础学问，扎扎实实地扎下深根。同班同学来美散布各校，都有同样的文化震撼感，经过一段时间才逐渐适应。其实这正是美国大学的研究成就执世界之牛耳的主因之一。

| 八 | 加州大学洛杉矶分校 | ——P059 |

加州的海岸边会有很多冲浪客等待着他们的机会，一个波浪到时便起身站上冲浪板，向滩头滑去。可是并非每次都可以顺利搭上浪头，很多时候，时间没有拿捏准或是技术不够，那个浪头已过。这一幕让我深深体会到，做学问何尝不是如此。

| 九 | 迟来的喜讯 | ——P070 |

虽然是迟来的喜讯，我深信只有实至名归才能受人尊敬。我常给学生后辈一个比喻，人生就像是在跑马拉松，比赛当中谁跑在前头并不重要，重要的是谁先到终点。

| 十 | 逐梦 | ——P080 |

美国地大物博，到处都有平价的房产，只要努力工作，人人都有机会拥

有房产，这就是大家常说的"美国梦"。但其实美国的城市基本上是一个无形的经济隔离社会，好区与坏区至为明显，不像亚洲或是欧洲，虽然也有好坏之分，但是没有分得这么清楚。

十一　中文学校　　　　　　　　　　　　　　——P086

我的孩子们在大学毕业进入社会后，很快就领悟到有双语能力和了解他们血脉里文化之根的好处。他们很是感激，竟会说以后也会送自己的孩子去中文学校。真好，那你们等着也被孩子骂吧！

十二　硅谷　　　　　　　　　　　　　　　　——P092

很多初创企业有天时有地利有人才，更不缺钱，很有希望成就大事，但最终因为人不和而错失良机。俗话说家和万事兴，这正是一个很恰当的诠释。这个过程让我具身经历了一个初创公司的成长和其所面临的种种困境。

十三　试水　　　　　　　　　　　　　　　　——P097

"9·11"恐袭事件后，整个美国乃至全世界都在大量采购数字视频安防监控系统，一个伟大而伸手可得的梦想与计划就这么白白逝去。现在这个领域的全球市值已超过 500 亿美元，全源自当初我们的开创。

十四　爱好　　　　　　　　　　　　　　　　——P104

烹饪和研究没有什么两样，它基本上是一个创作过程。我经常在下班后或周末假日尝试烹调各地美味。其实这也是我用来自我解压的一种方式，可以忘却一天的辛劳和烦恼，同时也让我探索的好奇心得到磨炼，来维持一颗敏锐的心。

十五　学问　　　　　　　　　　　　　　　　——P116

祖先说一个人有着丰富的知识就是学问好，这话内含极高的智慧。学是动词，学着去问。问对的问题，问好的问题，问人没想过的问题就能创造新知。学问是创新的根本，也是我们永续发展传承的基本态度。

十六　信息革命　　　　　　　　　　　　　　——P131

我个人以为这种生成式 AI 在生物化学和医学制药技术上的应用将会产生远大于现在所看到的在信息领域中的影响力。它的爆发将可能带来下一轮工业革命，也就是生命科学革命；无线通信最主要的点在于移动，当我们在移动的时候，我们要求的是持续无缝连接，因此我们并不需要有无限快的传输速度。当它够快的时候，速度不再是用户所追求的，更重要的是能提升性价比的新服务和质量。

十七　伙伴　　　　　　　　　　　　　　　——P158

它是我们家的一个新成员，名字叫 Reo 的英国喜乐蒂小型牧羊犬。它似乎知道我什么时候会回到家，每天回家时 Reo 都会很激动地欢迎我，那真是结束一天辛劳的美好一幕。

十八　风起　　　　　　　　　　　　　　　——P165

多元的文化交流和开放的社会可以让我们互相了解到不同的观点和做事的方法。当我们勇敢地面对并去除掉因为文化时空隔阂而产生的无知，我们就不再恐惧不知和未知，从而可以接受很多新的甚至以前不能接受的观点和人事物。

十九　云涌　　　　　　　　　　　　　　　——P178

我参与竞选 IEEE 主席有几个重要原因，其中之一就是我要确定一个亚裔，尤其是华裔，可以在全球得到广泛的支持，赢得主席的位子，做出重大的贡献。我要打破这个天花板，打破西方人对亚裔的错误观感。从此之后这便是一条通道，任何族裔的任何人都可以以能力坐上这个位子。

二十　异域风情　　　　　　　　　　　　　——P200

我常跟我的学生说，做研究要有高远的眼界和宽广的胸襟，眼界决定格局，胸襟决定气度。这不是每天在实验室里能磨炼出来的。多出去走走，看看这个世界有多大，有多少不同的人和文化，和他们交流，你就能提升自己的格局和气度，做出更好的东西。

二十一　无线感知　　　　　　　　　　　　　　——P231

因为时间反演物理的重大突破，未来无线世界的发展将以可感知的人工智能为主轴，给工业带来革命性的改变。我称无线感知为我们新的第六感，新的无线人工智能，加成于看触听闻味之上的新感觉。这将彻底改变我们的生活方式与福祉。

二十二　走出象牙塔　　　　　　　　　　　　　——P245

要把无线感知带进日常生活，就需要商业化和工程师团队，这不是在学校环境可以做到的。非洲有句谚语：独行快，众行远。要发展一项真正的技术并且给人类带来福祉是一条长远的路，必须大伙儿一起走。

二十三　追梦人的新历程　　　　　　　　　　　——P255

当你感叹时不我与或者遭遇接连失败时，不要灰心。人生的际遇就像是在冲浪，我们都在等着那个属于我们的浪头到来。当一波一波的浪过来之时，我们是不是已准备好，有能力踏上一个大浪呢？当错失了一个浪头，而下一个可能更大，我们是不是准备好拿下它呢？

推荐序

刘国瑞教授是我非常欣赏的一位同行学者,他在科学研究、高等教育、学术服务、技术创新等领域都做出了堪称楷模的业绩,难能可贵。一直以来我都对他为何能如此成功的深层原因颇感兴趣。通过他的这本自传,很多问题都能找到答案。

生活环境对一个人的成长非常重要。刘教授的童年、小学、初中、高中、大学都过得相对快活,既有家里长辈的关爱,又有学校老师的相对严格但人性化的教育,还有同学间的友情。这些环境因素塑造了他开放包容的学术态度和积极进取的人生观。甚至大学毕业后服兵役的经历,给读者带来的也是痛并快乐着的感觉。这些经历伴随了他的成长,充满了珍贵的回忆。

在美国读研究生以及拿到终身教授职位之前的经历,则可以说是千辛万苦。从语言障碍到文化差异，从学术压力到生活窘迫，他都曾一一面对并克服。从另一个角度说，他也是幸运的，因为他最终熬到苦尽甘来，登上了学术巅峰。

我曾经告诉我的学生，一个学者理想的学术人生要有三个一：一个学会、一个会议、一本杂志。也就是说要找到一个适合你的学会加入进去，每年固定参加一个学术会议，自己的研究成果要在本领域里一个固定的重要杂志上发表。这"三个一"的理念与刘教授的学术发展轨迹不谋而合。三个一的初期阶段，作为研究生或者青年学者一般是受益者，但是到了中后期成为教师和知名学者之后，更多的可能是付出者、志愿组织者。这种从受益到贡献的转变，正是学术共同体生生不息的动力源泉。

刘教授将他投身学术志愿服务的启蒙，归因于童年时的一段难忘经历——家对面葱油饼小店的老板在一次火灾中挺身而出，不幸献出生命，这一童年记忆深刻地影响了他，使他明白了无私奉献的价值和意义。正是这种精神驱使他在学术上不仅追求个人成就，更致力于推动整个学科的发展和进步。刘教授不仅是位好教师、好工程师和科学家，还是一位最出色的学术志愿者和学会理事长。他将自己的智慧和精力无私地奉献给了学术共同体，推动了电子信息领域的国际交流与合作。

我也曾做过中国计算机学会的理事长，知道此项工作的挑战性。学会工作繁杂琐碎，需要平衡各方利益，协调不同声音，既要保持学术独立性，又要推动学科发展与时俱进。而刘教授所在的 IEEE 有 50 多万会员，涵盖了电子信息的所有领域，会员来自 100 多个国家，面对如此庞大而多元的国际学术组织，管理难度可想而知。刘教授不仅应对自如，还锐意改革，不仅解决了很多遗留的难题，而且开创了新的局面。他在任期内推动的一系列改革措施，不仅增强了 IEEE 的国际影响力，也为亚洲乃至全球的电子信息领域学者提供了更广阔的学术舞台。

在这本自传中，刘教授以朴实无华的笔触记录了他的人生旅程和学术历程，字里行间流露出的是对科学的执着追求和对教育的深沉热爱。他的故事告诉我们，成功没有捷径，唯有坚守初心，方能行稳致远。对年青一代学者而言，这本书不仅是一部珍贵的学术成长指南，更是一部激励人心的奋斗史。

不忘初心，方得始终。一个追梦人的感人故事，值得一读。

高文

中国工程院院士，北京大学教授

一 缘起

在 1961 年 2 月的一个清晨,我出生在台湾嘉南平原的一个小镇——朴子,母亲的娘家。

母亲家为闽南张氏,源自福建泉州,祖籍清河堂,世居嘉南平原。母亲祖上自称河洛人,自唐山至台。

外曾祖父是我见过的最善良的人。他没受过正规教育,通过刻苦自学成为一个会计代书。朴子位于嘉南平原中心,居民世代务农。当地人信任他是一个谦虚、勤奋的人,因此把会计代书的事交给他做。于是他摆脱了农民苦役的束缚。他的努力和勤俭让他有积蓄去置了一些田产。

外曾祖父一辈子吃素。在他那个沉睡的村庄里，有许多场合或节日村里都会大摆宴席，宴席上会有大量的荤食美味，但他总是选择远离众人，一个人吃着简单的素食，令人不禁好奇这是为什么。

有一天，我终于明白这是他跟佛祖许下的誓言。

母亲是由外曾祖父抚养长大的。他的儿子，我的外公，是个在日本留学的医学生。假期回台湾后，他和外婆再次搭船到日本，其间他拉肚子了。那是在二战期间，船上的药品有限，花了几天才抵日，不幸的是到达时已经太晚了。

外婆怀着母亲，不得不放弃在医学院的学业。在那个时代，丧偶妇女注定永远当寡妇，尽管外婆才二十多岁。但她却选择不被世俗束缚而再婚。这种行为在当时是不可原谅的。因此母亲是由她的叔叔和祖父抚养长大的。

后来她的叔叔去日本学医时也生病了，且病得很重。那时的资源有限。我外曾祖父向佛祖许下诺言：如果您让我的二儿子活下来，我就永远吃素来膜拜答谢您。

他的愿望实现了！这是在他四十多岁时候的事。直到他在九十余岁去世，他从未违背过他和佛祖之间的誓言。一个人的特质显现于在没有人看见时所做的事情，诚信是一切成功的基础。承诺就是承诺，无须任何形式来约定。

而我外婆呢？她走在时代的前面，敢于挑战传统。她生活在一个女性很少接受教育的时代，更别说上医学院了。她是一名出色的运动员、优秀的学生，雄心勃勃，有无限潜力，但传统让她疲惫不堪。当我十几岁的时候，母亲和她重修今世，我才见到了她。她再婚，育有几个孩子，但始终是家庭主妇，不再是她原本想成为的医师。

父亲是客家人，源于广东饶平，祖籍刘氏客家彭城堂。客家人在西晋时期自中原趱行南迁。迁台始祖于清代自广至台，至今已十数代，曾有数代为监生大学生，是为台湾苗栗书香世家，左右地方政坛。相传日军从北至南以军事侵占台湾至苗栗时，曾祖父之父代表当地百姓与日军沟通，破财消灾，使苗未罹战祸。

祖父自东京大学经济系毕业，二战后未有厚用。父亲从医，二叔为日企厂长久居泰国，三叔为台大教授。从此家族四散离苗。

曾祖父早年丧偶。传闻一日他去台北看日式舞伎表演，爱上了我后来的曾祖母，成就了一段异国姻缘。从小到大，因为父亲自开诊所，父母亲日夜工作繁忙，基本上我和曾祖母相处日多，也是曾祖母最疼爱的曾孙。对父母的尊敬与些微的畏惧，使得曾祖母成为我可以撒娇或任性的对象。我跟曾祖母最好。她是虔诚的天主教徒，圣诞夜我总跟她上教堂。尽管她的钱包没有多少钱，但只要看到街上有人乞讨，她总会施舍一些，她总是教我去爱那些可怜的人。她常常摸着我的头说，你很聪明，以后一定会成大器，记得以前的人常说，长得越饱满的稻穗，头垂得越低。

一次，曾祖母要到日本去探望她的妹妹，问我要什么礼物。当时台湾的物质条件还很艰苦，孩子们没有什么玩具，我从电视上看到NBA的篮球与英国的泰迪熊，一直好羡慕。小学生的我对曾祖母说，我想要一个篮球和一个毛茸茸的泰迪熊。

过了两个星期，当她从日本回来时，她手中抱着一个NBA的篮球，我高兴地跳起来，一边玩篮球，一边问，那泰迪熊呢？曾祖母缓缓从行李里面拿出一个像是用手缝制的熊布娃娃，并不是我朝思暮想的毛茸茸的泰迪熊，当时我嘴巴往上一翘，说，我不要，这不是我要的。曾祖母黯然地一句话也没说。从那天起，我就再也没有看过那只熊娃娃了。忙着到外头呼朋引伴打篮球的我，却没有想到，为了我的希求，曾祖母与姨婆不知忙了多少天，老眼昏花做了一个熊的布偶，却被我一句话打回。也不知道多伤她的心。

曾祖母最疼我，她是很慈祥的人，不管我小时候怎么调皮，从来没见过她对我有愠色或骂过我。我读大学时，她住在台大旁的小姑姑家，我有时便去看她。有一阵忙，没去看她，她着急了想来看我，结果迷了路，差点回不了家。后来她去竹南姑婆家住，我去看她时，她总会像我小时候那样牵着我的手，在院子里散步。

几年以后，父亲在日本行医。他为曾祖母在家后院加盖了一间屋子，让她有一个自己生活的空间，可以做简单的食物、看看电视等等。后来我也来到美国求学，工作，有机会就去日本看她。

1991 年，我暑假回去陪了他们两个星期。在父亲送我去机场回美国那天，一大早，天还雾蒙蒙，有些清冷，在把行李放进车后备箱时，九十一岁的曾祖母从她房里匆匆走出，手提一袋水煮鸡蛋，那可能是她手边仅有的东西，在我身后叫我的名字，把那一袋鸡蛋塞到我的手里，嘱咐我注意身体，要好好吃东西。我别过头，不敢让她看到我的泪水。

那是我最后一次见到她，隔年樱花开的时候她就走了。我答应过她我会接她来美一起住的，此诺不再能兑现。三十多年来我总是思念她，也没能挥去心中的遗憾和愧疚。

绚丽的外表纵然吸引人，让人高兴，但是朴实的心意伴随永恒的爱。三十多年一路走来，每每有难过的事情，我总默默在心里想念曾祖母，祈祷她能帮我渡过难关。也祈祷她能理解年少时我的不懂事，原谅十岁的我推开那只熊娃娃。

直到后来我才懂了,最美丽的泰迪熊是用爱织出来的。我没有再拥有过泰迪熊。因为那只手工缝制的熊布娃娃永远在我心里,它是我最美丽的泰迪熊,我永远的熊布娃娃。

二 童年

那是 1960 年代，在此之前，我只有片段的记忆。像是用煤炭生火烧饭，穿木屐，好似古到不行，但确实是早期台湾生活的缩影。台中南区的瑞丰街是我记忆里第一个家。在那里上幼儿园，走路去台中小学上到三年级。不太记得读书的事情，只记得捉蛇，钓鱼和青蛙，偷挖番薯田，还被农人逮住。

父亲为我请了小提琴家教老师，可是我从不练习，每到上课老师都会用指头弹我按琴的手指，真的很疼。渐渐地我就躲了起来，远远看到老师走了之后才敢回家。我还记得我的小学导师名字叫吴荪生。我并不出色，但是他选我代表班上参加学校演讲比赛，虽然我从未想过要参加任何比赛。我真的不知道他为何看上那时的我。他会在下课后请我去他家教我怎么演讲，注意声调的顿挫，如何做手势，不要只是呆呆站在那里。那是我第一次知道演讲是有学问的，必须能够吸引人且传达出想表达的思想。

吴老师是第一个欣赏我的老师，虽然我不知道我到底哪里突出，那时我只是一个整天玩耍的小孩。记得要升四年级的暑假，家里搬到中区台中公园旁。在暑假的返校日，吴老师还特地骑摩托车来接我。他检查学生是否有按规定做暑期功课，没有的要打手心。当然我也在被打手心之列。老师载我回家的路上，我们没说什么话，想必老师会很失望，觉得我是扶不起的阿斗吧。那是我最后一次看到吴老师。时过五十几载的今日，我真想能再次见到他，并谢谢他的栽培和伯乐之识，几十年后的我没有辜负他的眼光与期望。

新的小学是光复小学，就在台中公园旁。这里是市中心，人口密集。班上有八十二人。下课后公园就是我们的游乐场，那个时候棒球最风光了，台湾有许多少年棒球队拿过世界冠军，这些冠军队有很多来自穷乡僻壤的小孩的励志故事。下课后小孩都在玩棒球。其实那个时代台湾还是很穷，这个运动只要一个球、一根球棒和手套就可以让二三十个小孩玩得不亦乐乎。场地也可以因陋就简，一下子便成了全民运动。我臂力比较好，经常充当投手。公园中有一个湖，里面有一座很漂亮的亭子，旁边可以划船，我们经常在这儿钓虾。钓虾比钓鱼好玩儿，鱼儿比较笨，一口就吞下了饵，虾子聪明，会用它的钳子把饵夹进它躲藏的石缝中，拉扯几下确定无误才吃，所以去钓生存在大自然的虾子像是在斗智，很有意思。公园旁有个游乐园，里头有个捞金鱼的地方，用一个纸糊的勺子，捞到的鱼可以带回家。可是每次一捞到鱼勺子就破，感觉是用卫生纸糊的，太骗人了！我们这帮小孩便用平常纸糊上，捞了一堆鱼都没破，这时老板觉得有异，奇怪他的卫生纸怎么不破，过来捉人，我们一溜烟地就地四散。回想起来，从一开始我就注定上学这些年不会当选乖乖模范生。

新的老师也姓吴，他会在课后补习算数。成绩好的就坐中排，一般学生坐中排的旁边，没参加的就坐到窗边。家庭过得去的学生几乎都参加了，不然真的会被区别对待。我就当那是俱乐部，反正朋友都在那儿。这吴老师是个虐待狂。考试没到他的标准要挨打。他有层出不穷的工具。有小藤条敲指头，有铊条打屁股，打弯了再打直。他性情古怪，不知哪一天会打人。他并没特别喜欢我，所以我经常有份参与他试验那新的打人工具。记得有一次我考试成绩不到九十分，这是坐中排的最低标准，被点名叫到全班前面，他一句话都没说就用铊条打了我屁股两下，回家看有紫色带红色淤血，三天坐不下来。

那个时候黑白电视机刚出来，有电视机的家庭不多。有一天朴子的外曾祖母来家里住，母亲趁外曾祖母正在边洗澡边哼着歌高兴的时候，要我在外头跟她说我要电视机，就这么的家里有了电视机，左邻右舍经常跑来一起看电视。印象最深刻的是有一天半夜起来看航天员实时登陆月球，航天员说他的一小步是人类的一大步，至今深深地烙印在我心中。那时最热门的便是布袋戏了，黄俊雄先生戏团的布袋戏喜用典故，以闽南语惟妙惟肖地表现出闽南文化的精髓。其布袋人物以历史为背景，以中华文化的忠孝仁爱礼义廉耻为故事主轴，表演的技巧又神乎其技，令人赞叹。所以每天时间一到，大家都会准时观看，整个台湾都痴迷于布袋戏。可是这违背了当时推行通用语的教育政策，那个时候我在家里跟曾祖母讲客家话，在外头和邻居小孩玩耍讲闽南话，上学时说通用语。那时还有规定，如果在校讲方言要罚钱，大家要啥都可以，就是没什么钱。在那个背景之下，政府规定布袋戏必须以通用语演出，真是不伦不类。这是闽南文化的一个精髓，通用语从发音到语法到押韵都不相称，这就像是要求用闽南语来唱京剧，不是成了四不像了吗？后来就不怎么有人看了，实在令人惋惜。

那个年代正是百废待兴的时候，生活都很吃紧，不管一天的什么时候，见面打招呼的问候语都是"您吃饱没？"，回答便是"吃饱啦，您吃饱了吗？"。左邻右舍小孩一起玩耍，那时没有电玩，女孩玩布娃娃和家家酒，男孩打一种圆形的纸牌，用一把筷子和豆沙包玩各种过关的技艺竞赛，射橡皮圈，用橡皮圈连成一根绳子进行跳高比赛……种类繁多，不亚于今天孩子们的各式电玩。最大的差别在于那时的游戏是人与人之间的互动，现在是人与机器的斗智，甚至玩耍的另一头如果有人也可能在半个地球之外，没有能从人的互动环境中学习成长。科技的进步是幸与不幸，真是见仁见智。

虽然当时没有电玩，坊间还真有能人用当时仅有的器具创造出不输现代电玩的玩具机呢。小学的后门外有一个老先生，他自己打造了一个迷宫机器。人坐在迷宫机前，里面是一个用木板隔成的平板迷宫，其中到处都有洞口陷阱。当人从迷宫入口投入一个弹珠，可用手脚来控制平板，通过左右上下倾斜来控制弹珠的走向，通过层层关卡到达出口。一旦到了出口，弹珠便会自动流到老先生那头，他便知道谁成功过关了，然后就有口香糖的奖赏。他的机器一边四个，共八个迷宫，从易到难，难度越大奖赏就越多。迷宫机前经常座无虚席，大家都在挑战自己的进步程度，还会分享心得。这个机器下面还有轮子，老先生每天用他的三轮车拉来拉去，以此为生。他的设计真的天才，只可惜老先生生不逢时，要是在今日他恐怕也是一个电玩游戏的创业家。

那时家的对面住着一户人家，一家四口住在一个大概只有不到十平方米的小角落里，下层是店铺卖早点，上层是他们住的地方。在当时的台湾，这种情况并不稀奇。虽然他们的住家很小，但这家人有个快乐的家庭，人人和善乐观。爸爸会在门口煎葱油饼卖。那葱油饼的香味飘落满街，引诱我经常过街去买，加个蛋，顿时觉得人生很是幸福。我也看他做，现在我做葱油饼就是跟他学的。有一天，几条街外的一个百货大楼起火，好不容易大火才被消防人员扑灭，可是听说那个领头进入大楼救火的义勇消防队队长因为氧气筒坏了，困在火场，救出来时已牺牲了。那天之后就没再看见那家爸爸在门口煎饼了。后来大家才知道，原来那个义消队长就是这位爸爸，他除了照顾一家的生活，平常还在义消队帮忙做救灾救火救护的事。大家都非常难过。对面那一家此后依然每天工作讨生活，虽然没有爸爸了，他们仍然和善乐观。台湾的社会充满着一群坚韧的平常百姓，他们创造出一个又一个奇迹，永不向命运低头。我从这里第一次了解到义务志工的意义与伟大，社会上充满着默默奉献的志工，他们无私的贡献造福无数的人。多年之后我也选择在 IEEE（国际电气电子工程师学会）的世界大家庭里当一辈子志工，我深信只有奉献才会有收获。我得感谢这位爸爸让我明白一个志工在社会上肩负的神圣使命。

童年就这么恍恍惚惚地在成长中过去。

三 启蒙

在 1970 年代，台湾中部最好的初中是卫道中学。以前得考试才能进，这时台湾当局废止了考试，改为以申请方式办理。不知怎的，我也在小学拿了校长奖，就这么进了卫道中学。这是我人生启蒙的地方。

卫道是一个加拿大天主教会创办的私立学校。它的办学风格是西化的，崇尚独立自由思考，开放式教学。除了很多年轻的老师，也有很多西方修士神父。他们都有着教育的热忱，有别于公立初中为了升学而采取的填鸭式教学。这里没有大大小小的考试，只有月考和期末考。

一开始我住在学校的宿舍。十人一间上下铺的床，一人一个柜子，就似军队里的寝室，十分拥挤，但井然有序。每日起床得叠被子，要有棱有角。所有柜子外的东西都必须摆放整齐。修士会定期检查，没做好的就要扣分。餐厅很大，一个寝室的人在一个长桌上一起吃饭。早午晚餐皆在此用大锅饭，通常是四菜一汤。

早上6点起床后先到自习室上早自习。自习室非常大，一人一张固定的书桌。然后吃早餐，8点开始上课。下午5点下课后，便是自由时间。晚上6点吃晚餐，7点上晚自习，9点就寝。虽然时间固定，但自由度很大。我下课后便开始玩滑板、梨球，或打篮球、网球，游泳。饭后亦然。总是没时间洗澡，所以我经常周末回家才洗澡，那黏糊糊的身体洗净之后的感觉真好。现在回想起夏天一周不洗澡的感觉，真不知道当时的我如何有如此的耐力。也不知周边的人是否闻到异味。

总之，我每天都在玩耍、运动和读书中度过。到了月考，就加把劲儿读教材上的内容，成绩都在前三名，所以父母也没有任何意见。但是期考却要考整个学期的功课，这个我就没有耐心和时间了，我还是只读新的内容，懒得复习过去的，所以期考成绩都不理想，每次学期颁奖前三名，都没有我的份。虽然没有学术奖，但我每学期都拿体育奖。总之我的自由时间还是有收获的。

住宿生有一个规定，如果寝室内务不好，早晚自习课交头接耳，或任何因素被扣分，扣分最高的几名学生周六中午回家过周末前，要先做劳动服务才能回家。很不幸我几乎每周都榜上有名。所谓的劳动服务就是帮石修士割草、整理校园。如果修士用割草机，我们就收拾到处散落的草堆，草坪边上的就得用镰刀，无法下刀的只好用手拔除。周周如此。那草鲜味加上炎炎夏日闷湿的汗水味已经沁入我的基因，小小年纪就练就了一身整理花草植物的本事，一生受用无穷！

大概我在黑名单上，有一晚熄灯后，石修士来到床前叫我去他的办公室。心想不妙了，出什么事了呢？那里已有一个学生。我俩就站在外面，我怎么想都想不起近日干了什么大事。不久他带了一个学生进去，拿板子用力打了两大板。然后出来叫我们回去睡觉，这不是杀鸡儆猴吗？我们一溜烟地就不见人影了。

没住校时便天天骑车上学，周末也去学校打球、游泳。PJ住在我上学的路上，路过时我总是先到他家找他一起玩，打球打弹子，练武功秘籍，到处找同学出来玩。夜晚我们也经常去学校空旷的草坪上看星星，一整年下来，天上的星座我们全认识了。我和PJ成了好朋友。每次他妈妈开门看见我就说，又是你来了。多年之后，PJ跟我说，他妈妈开门后看见是我，总会不满地叫他，那个好玩的小孩又来啰！PJ跟我很有缘，后来我们高中同班，在台大也同系，有整整十年同窗之谊。

卫道的老师个个都是好老师，以启发的方式教学。同学也都是从中部各地选的。MC是个数学狂，喜欢找各种奇书难题来挑战我们。他成立了一个数学研究会，找了PJ和我们几个，在暑假和平常一起读新的没教过的数学教材，并一起解难题。我们在初中三年已把高中的数学读完。MC让我对数学产生了兴趣，也让我认识到我数理的潜力。

初三读物理时我便爱上物理，因为很幸运的是有一个很棒的年轻物理老师。物理跟数学其实是一体两面，一个讲道理问为什么，另一个提供工具来回答。有了好的数学底子，物理自然驾轻就熟。很快我已超越初中物理课程而自学相对论。老师也帮忙解说推演，并不会因为这并非初中课程而拒绝。

我在卫道度过了愉快的三年，我的独立思考能力和对数理科学的热爱皆源于此。

四 立志

台中一中是台湾中部最好的高中。高中联考后我进了台中一中二十三班。据说数学考满分的都被分到了这个数学实验班。PJ 跟我同班。MC 到了二十二班，听说是英文实验班。这些班都有最好的老师在带，准备升学强打的。

高中的气氛跟初中不一样。校长把精英放在一起就是下决心要提高学校的升学成绩。最好的老师都被投入这些精英班。我们班有四十六人。三年后的大学联考有二十几人上台大，还有十几人上各个医学系。真不愧为精英中的精英。

在这个氛围下，课业自然繁重。大多数同学都在下课后参加了校外补习班，英数理化人人皆补。父母也希望我多多学习，于是我在暑假勉强参加了英文补习班。那是一种机械式的比学校还填鸭的教学，所有思考公式化，训练快速反射性地答题以求得高分，而不求理解。

坐不住的我就坐到最后一排，跟不读书的搞怪，或折纸飞机射坐在前面的女生。补习班有男有女，不像一中只有男生。台中女中也有不少人在这里补习。那还真是新鲜，因为之前卫道也全是男生。有一次放学骑车回家，前面是一个女同学，因为我们顺路所以经常看到。这次我索性骑向前到她旁，鼓起勇气说，我们可以交个朋友吗？不料她竟反问回来，我们现在不就是朋友了吗？一开口就输了，看样子我还是个没经验的菜鸟！

还有一次补教老师做了个不公平的事。我就写个文言文匿名信大骂他一顿。他还拿到班上念给所有人听，并大赞此信文笔真好。在一个不务正业的暑假补习之后，我就没再补习过。那是跟我的世界平行的另一个宇宙。我还是延续我在卫道的习惯，平常读各种书，到考试前才读课内的书。

但是在高中就不管用了。平时如果有什么难题，同学会来找我，我通常可以解疑难杂症，因为我懂得基本原理。而他们精于机械性的反射答题，一出了他们擅长的范畴，他们可能就挂了。有一次全校数学竞赛，考题特别难，我还拿了全校第一名。但是问题来了，我月考时都做不完考题，因为我不是一看题就知道怎么解，我必须先思考然后才能解题，但是我的同学很多都已熟悉各式题型，一看就能对答如流。我还有一个大问题。当时的我不知从何而来的叛逆，对英文有莫名的排斥，小小的心灵不认同学习英语，所以我的英文一直很糟。总而言之，我在班上月考一直在四十二名左右，从后面数起比较快。

我很少用心听课。有一次在桌上乱涂鸦时发现，如果从任意三角形的两个角一直做平行线，其交点会产生两条共线并交会于顶点。我花了一个月的时间才证明这个观察是对的。这是一个新发现的几何定理。于是老师推荐我参加全校的科学比赛，拿下第二名。那第一名是谁？

NW 是我在卫道隔壁班的同学，在一中我们同在二十三班。他在一中班上一直都是第一名，也弹一手好钢琴。我们是好朋友，他有什么疑难问题都找我讨论。他家就在学校附近，同学们常在他家聚会。高一时我已读完微积分。他想用极限原理切割来逼近微积分，也就是当初牛顿做的事。这是高三的课程，对高二生来说这个极限概念是个全新的理解。但是他不懂微积分，就找我用微积分来验证他的推论。NW拿下第一名。虽然我至今仍觉得我的新发现才是实至名归，可是没人能抵挡NW尽人皆知的魅力。

升高三时，学校要我们决定大学联考科系分组，有甲理工、乙文、丙医农和丁法商选项。父母非要我读医，可是我的兴趣在物理数学。我也不想像父亲当医生整天看病，我想当科学家。但我必须选择丙组，不然他们不肯签名。我只好选丙组，但是到了学校之后我还是自行改为甲组。尔后父母知道了也不再坚持，但是有一个条件，那就是我必须学工程，不能读数理科系。他们的理由在贫困的当时是可以理解的。

NW的情形和我一样，但是他选择丙组顺从了父母的意愿。他在卫道和一中都是第一名毕业，后来他顺利考上台大医学系，并且除了一个学期之外，都是第一名。在台大我们经常保持联络,谈及各种话题,包括感情的事。他从未改变想转入理工的心愿,但是无法下决心,我鼓励他追求自己的梦想,走自己的路。大学毕业后我们就各奔东西,再没见过面。听说他后来去哈佛还是走医学博士的路,并到加州大学圣迭戈分校医学院任教。大家一辈子忙碌,后来想联络时才听说他两年前已过世,享年六十岁,就是想再见也为时已晚。每个人的人生就像一条条线,有交集的时候也有分开的时候,缘分到了自然会在一起,缘尽时就只有回忆了。

高三时我还是没改月考前准备的习惯。有一天文学课老师突然心血来潮,在月考的前一天来个临时测验,我只拿了四十几分。当他一个一个地念分数到我的时候,他停了下来,想了想才说:我今早才跟某老师谈起你,我们都认为你有很大的潜力,你要好好努力。他不知道的是我那天晚上才开始准备隔天的文学考试,虽有三篇文言文和注解要背诵,但我早已习以为常。第二天的文学月考果真很难,难怪他会反常地先做个临时测验。当他再次一个一个地念分数的时候,念到我时他停顿一下,一副欲言又止的表情,然后他继续念下去。原来只有两人上九十分,而我的九十一分是第二高分。

幸运的是总是有很多老师对我有特别的关怀和鼓励。这给了我一个信念，为人师表，其所为就是教育人才、拔擢人才。这便成为我为人师表之后的准则。

回到分组后，再一年就要联考了，我的这种成绩什么学校都上不了。于是我拿起课本和各种参考书努力地适应这考试的文化，每日读到半夜一两点，每个周末都到校找一间无人的教室苦读一整天。渐渐地，我在全校的模拟考可进入前二十名。在有二十五个班级的台中一中，这成绩可角逐顶尖的志愿了。

再来便是填写志愿。当初答应父母不选理科。老师们都期盼我们能上台大。当时台大排在前六名的科系全是工程科系。我的前三个志愿是台大电机、机械和造船（又称海洋工程）。之后便是交大电子，然后是清大电机电力、动力机械，基本上就是照排名填，真的不知道它们在教什么。

在一中期间，课余时间我总喜欢和同学到铁道上散步，看火车疾驶而过，那轰隆轰隆的声响震撼我的心头，顿生一种莫名的感动。我一次又一次地回到铁道旁，就是为了那心的悸动。冥冥之中我注定日后会成为一个驰骋科学的工程师。

这次联考的数学只有五道题，每道题有好多小题。今年它有一个非常奇怪的规定，每道题必须所有小题都答对才得分，只要有一小题错了就整题不得分。不知命题委员们是否脑壳坏了，竟然想出如此奇怪的算分法。我是有名的经常加加减减算错，就是现在在美国上餐馆时小费都经常加错，家人都会再检查一次以免给错钱。很不幸有两道题我各有一个小题错了，而真的是加加减减的问题。再加上甲组数学加权计分，拿手的项目赔了夫人又折兵，外加英文也没有意外地只拿了二十来分，虽然文学几乎满分，但已于事无补，于是我被分到了台大造船系，这是我的第三志愿，也是联考理工组的第六志愿。心想台湾靠海，海洋工程将是未来的发展方向。父母倒是很高兴我上了台大。这是台大工学院最后一年独占鳌头，六个工程科系垄断了全校科系前六名。

我就这样到台北罗斯福路的台大报到了。

五 大学

我一到台大就爱上了椰林大道,这是我人生开始的地方。

台大的校园大方幽雅,让人很容易就沉浸在学术的氛围里。一进校门,那笔直的椰林大道给人的第一印象是,这是一条通往未来的人生之路,它的大气充盈着希望。台大的前身是台北帝大,日本九个帝国大学之一,曾拥有台湾百分之一的土地。早期日据时代的建筑壮丽典雅,有着西式风格。每个角落都有独特的地方。台大校园也称杜鹃花城,每年春天杜鹃盛开的季节,校园内五颜六色,美不胜收。

当时,北大前校长傅斯年任台大校长,他把北大自由的学术校风和传统带到台大，基本上可说台大带有深深的北大烙印。这个自由的校风深深远远地影响了每一个台大人，造就出各行各业、各个学科领域、不同政治立场的领袖人物。最有名的典例便是当年台湾当局欲以戒严法治国民党党外（即民进党的前身）人士之罪。当时从被告、辩护律师、检察官到法官，大部分都是台大人，还有些是前后期的学长学弟，基本上一家人扮演各个不同的角色。

对于一个未曾到过台北，来自台湾中部的孩子，台北是一个巨兽。第一次搭公交车至南京东路下车，那整排高耸的高楼大厦让我震撼，好似来到另一个世界。于是大部分的时间都远离那不属于我的地方，而蛰居在校园及其附近。

大一新生被称为新鲜人，那是天之骄子，刚从十几年的升学压力中解放出来。一开始新生训练时便有各式各样的社团在招呼拉拢新人。我在四年里参加了好多社团，包括鱻鱻（鲜鲜）社，就是钓鱼社，经常到海边或山间溪流钓鱼；另有爱乐社、吉他社、国乐社、社交舞社等，也去学过现代舞和土风舞。现在最后悔的是当年没参加合唱团。那时民歌正当红，很多人以为那是 1980 年代初期的音乐风潮。与其说它是风潮，不如说那是一个觉醒运动。台湾光复之后除了极少数的乡土民谣，大多数的流行音乐尽是模仿日本东洋风，年轻人多听美国流行音乐，没有自己本土文创出来唱自己的歌，写自己的感情，以自己的语言来叙述这片土地的故事。我们是跟时代说不，要创作属于自己的音乐的年青一代。那时人手一把吉他，尽情写作弹唱，唱出了属于我们自己的年代，也走出了一条属于自己的路。这就是为什么民歌也被称为校园歌谣。现在我每当听到民歌，那从前的感动便油然而生，经常会不知不觉地眼睛泛泪，让我想起年轻的时候，我有幸也是这一代的人。民歌可谓现代华人音乐的先驱。我那时可以用吉他弹唱几乎所有民歌，也可弹唱 1970 年代美国盛行的民谣老式情歌，也和朋友组双吉他学高难度曲目。

台大是个综合性大学，有各种学科，自然就有形形色色的人，有着不同的背景风格和人生观。它的多样性让我明白了什么叫人外有人、天外有天。我也去文学院、法学院、商学院听选修课，比如文学史、日语、宪法、经济学等。大学四年多元多样的基础教育，深深地启发我未来为人处世的态度，也为我扎下人生哲学的深根。那是一个立大志的地方。

造船工程概论是必修课，然而我大失所望。老师基本上在教船舶各个部位的英文名称，考试就考这些。渐渐没人去上课，老师说要点名，但还是很少人去。一学期下来全班有一大半考试不及格，当然我也有份。这不是我期望的海洋工程，于是决定转去他系。因此大一我很少参加活动，着力提高成绩，准备转系的考试。时至今日，回首当时，那个决定影响了我的一生。

大二转入电机系并不觉得陌生，那里有五位二十三班的老同学和二十多位台中一中的同学，很快就进入角色。但年轻的自负和考前才读书的毛病依旧未改。大一时因为老师的教学太过古板无趣而经常翘课，有一次上物理课，老师尽在打屁，内容贫乏，便在他回头时从窗户爬出逃课，还是未失那桀骜不驯的脾气。大二读概率论时仍然用考前一晚才准备的思维轻以待之。那真失策！概率论的概念和其他数学知识截然不同，须花时间来反复消化，一个晚上是无法融会贯通的。我的轻视导致差一点挂掉了这门课。从此决定改头换面，重新做人，把以前游戏人生的恶习完全改掉，毕竟真才实学是苦读出来的。而且大二之后都是本科专业，将会是一辈子吃饭的本事。时至今日证明概率论是我一辈子最受用的基础数学工具之一。有人说人生就是机缘，不懂得你机缘的概率，如何成功？

说归说，我最喜欢的科目是大家都惧怕的电磁学，因为它包含物理学和数学，这两项考试我都是全班最高分。可是一些不太起劲的科目我就比较马虎，所以成绩还是让人不太满意。其他时间我会参加社团活动、运动，广泛涉猎书籍或参与各种文艺活动。我的大学生活是充实的。除了电磁波、光电，我渐渐在修习研究所的课程时开始喜欢上通信和信息信号处理。李老师是当时唯一一个旅美之后回台任教的年轻老师，他带回来的新思维深深改变了我们对电机领域的看法。他的通信课吸引了上百名学生，启发了我们对这个新领域的兴趣，后来这也成了我一辈子的专业。

后来我们这批 1983 级的同学有八九成赴美留学，大半读到了博士学位。当 1990 年代初台湾大量引进师资投入高校发展时，我们这届学生正好博士毕业。据说我们这一届有五十几位同学在台湾各大学任教，独占鳌头，成为台大电机系的传奇。

在我1979年高中毕业联考后，父亲决定赴日行医，而母亲则带着弟弟和两个妹妹去美定居。那个年代医事人员是受到管制的，因为戒严，他们属于关键人员不能随便出入台湾。父亲在台湾光复之时已上学至台中一中，所以他的日文底子比中文好，加上日本医师津贴比台湾高，且可随意来美，所以父亲决定去日本发展，我们家就此分居三地。

我独自留在台湾就像是个留学生一样。平日还好，到了寒暑假或过年时候，同学都回家了，就会觉得落寞。我得想办法打发时间，不然就得独自在空荡荡的校园度过了。我大都报名社团活动，跟大伙儿上山下海到各个地方参加团体活动，于是我很早便开始了独立生活。记忆最深的是大三的寒假，我参加了南横公路健行一周活动，其中包括了农历新年。我亲睹了台湾高山的壮阔，了解到大陆过来的老兵，胼手胝足、寸步寸土地开山辟壤，不惜牺牲生命建造了这第二条横贯台湾高山的公路，那鬼斧神工以及磅礴气势令人赞叹。它崎岖蜿蜒在峻岭深谷之中，其中一处隧道口，据说开掘时坍塌导致几十个荣民丧生。所以沿途充满了鬼故事，半夜不敢上厕所。还有一回跟学长们一起去北势溪溯溪，走了一周，从台北山上走到宜兰可以远眺龟山岛的地方。这边的山势优美起伏，虽有纵谷，但没有崇山峻岭。后来也参加电影研习营，学习如何拍摄电影和编导、剪辑，我学着让自己的生活充实又多彩多姿。

平常课余时，大伙儿都会兼做家庭教师，到人家家里为其子女补课。这个津贴倒还可以，天下父母都愿为其子女付出一切。零零散散地教了四年，什么人家都看过。有成为好朋友的，也有去应征时被呛你这电机专业是学什么的，我不要工科的，我要的是学数学的，没二话就请我出门了。

有一年暑假母亲从美国回来看我。她听说有一个先生用紫微斗数算命非常准，想去看看。我就陪她去了。先生从香港来，很难排到位，都得事先预约。在知道了母亲的生辰八字后，他便开始讲述母亲的过去与未来。因为的确很准，母亲兴致一来，顺便问先生可否再算一人。当他拿到生辰八字画出他的紫微斗卦时，他猛然抬头问此人是谁。母亲指了指我说就是我儿子。那时我刚参加完大学生军训，理了一个平头，晒得黝黑。先生一反先前直接算命，而是强调他的紫微斗数有多准，多少达官贵人和将军都来找他，还举了几个例子来证明他所言不虚。他边说我的运命还边帮我做笔记，不似母亲得听他说而自己做。讲完我的一生，他说你命中文武全才且双禄重逢。我问他那是什么意思。他说禄就是功名可用匾额挂在庙堂之上的，那已是大贵，双禄就是可挂上两个匾额。我再问他那我该学习什么，他说什么都可以，律师更好。我没跟他说我读电机理工科系。走时还跟我说以后可以随时回来找他，他不会跟我收费。那时心里的确有一股莫名的激动，我只是一个理平头的大二学生，不到二十岁，竟受如此礼遇。先生甚信他的紫微斗数，我也半信半疑，至今还保留了他的卦，但又能做什么呢？我没再回去找过他，这也是我一生唯一的一次算命。

中南部来的同学乡土情比北部同学更淳厚，大都玩在一起。有中友会、南友会、雄友会。这些会里有学长组，几个学姐带几个刚上台大的学弟学妹。这种来自家乡亲朋式的组织，融合了各地来的乡亲，大的带小的，就像一家人。经常有庆生会和各种联谊交流活动。有的学长组很快就散了。我的学长组里都是好朋友，所以四年都很融洽，一直都有活动联络。

话说台中一中二十三班有二十多位上台大，我们也经常一起厮混。水蛙家买了一个公寓就在学校边上，我们就经常在他的住处闲聊，听音乐，打麻将。兴致来时大伙儿便骑摩托到阳明山上土鸡城吃三杯鸡、洗温泉，一起长大的伙伴是最真诚的。

大学的回忆是浪漫自在、憧憬未来，没有人阻止你去梦想和编织未来。毕业时每个人都要交一张穿学士服的毕业照和写下一段留言，用于制作毕业纪念册。我在毕业留言中写道：尽结天下贤士豪侠，常做江上烟客主人。

六　决议深造

当时处于戒严时期，男性要服二至三年兵役。大学生毕业后，通过考试可以预备军官身份服役二年。我的兵种为通信官，听说战场上伤亡最多的就是通信兵种，因为他们在枪林弹雨之中，还必须抢修通信线路以维持军令畅通。

我被分到第二梯次报到，正好有一个暑假休息。母亲刚好有一小笔钱想买一个小套房。她有一个老友，就住在敦化南路与仁爱路的交叉路口边上，正是当时公认的台北最美的精华地段。她旁边的楼正好有一个五十几平方米的小套房要卖。因为母亲在美国，于是我全权处理。

赖先生经营一家空调装备公司，他急需一笔钱周转。他很喜欢这个小套房，之前的屋主是个香港来的医师，他们因为房子买卖而成为好朋友，可是现实让他必须割爱。因为急需，他没有多少时间慢慢卖。刚好母亲给我的出价正是他的要价，我跟他说你就拿去吧。赖先生说如果是现金不用等借款，他愿意打个折扣。我跟他说你急需这笔钱我正好有，你就拿去吧。他便收下，我们也成了好朋友。他有一部吉普车，他说你随时可以来借。我真的借了好多次去坪林露营，去北海夜游，甚是拉风！当那个香港医生来台时，我们还一起吃饭。三任屋主竟因为此房之缘而成好朋友。有很多东西是不能用钱来买的，也不能用钱来衡量得失。没有舍，怎么得？

报到的那天，一早就到台北车站搭一班为预备军官准备的火车，火车直通台中成功岭。我一到就进入车厢找个座位坐下。火车里是空的，大家都还在外头哭哭啼啼地和家人道别。反正我就是一个人，这倒也省事。到了成功岭第一件事便是剃头，几乎理成光头。这样也好，死了凡心，心也定了下来。然后就是从地上的一堆旧军衣中选合身的穿，他们不给时间，基本上拿到什么穿什么。除了出操，很多时候都在学口令。大部分时间都在练习立正稍息、左右转和齐步走等基本动作。不然就是踢正步。偶尔行军，附近都是坟场，本来吓人的地方现在习以为常，还经常找个大且干净的坟墓躲起来睡午觉，时间到才出现。真正拿枪射击并不多，大家心里都有数，我们这种兵是打不了仗的。连队有个预官排长，好像一个虐待狂，专做虐人之事，一不高兴就叫人在地上匍匐前进，还从人身上踏过。

到了周末，总有众多的亲朋好友来探亲。我大都志愿出公差，反正也没人来看我；或拿着书到台中市区找个咖啡屋坐一整天，直到收假。有一次台大中友会学长组的老朋友 ZH 和 CL 来看我。ZH 和我高中时都是二十三班的，大学又都在电机系，之后我们在 UCLA（加州大学洛杉矶分校）还会在一起，是十余年的同学交情。CL 也是高中就认识，她在政治系。心里很是感激有人来看望我。

基本训练完成便至中坜的"陆军通信学校"报到，我们这一期有一个连的学员。这为期半年的受训是通信官养成教育，除了学通信保障技术，还得学用两块长板，各绑绳子交相爬电线杆的技术。先用一绳板挂住，踩上之后再下探半个身子，把下边那个绳板拿上来再往高处挂上去，然后再踩上去往上爬。这是一个考试科目，毕业时必须在特定时间内爬上杆顶。中坜是有名的风大，冬天很冷，每天还得早晚点名，只有单薄的军用夹克，简直冻死人了。所以军用夹克里头还得穿上一件自己的夹克，不被人看到就没事。

这个预官学生连有一个大队长，一段时间训练之后，他会选学员担任实习干部。不知怎的我被选为实习连长，下有三个排长和十二个班长。我就这么负责起这一期通信官的管理责任，总共有一百二十多人。队长对我也特别赏识，受训结束前有结训测验，大多是极为琐碎的通信规定和军事准则，我也没在意，能过就好。毕业时还以第二名的成绩毕业。

再来便是抽签分配兵种。我们都是通信官，各个兵种都需要。最倒霉的签就是抽到"海军陆战队"啦，需要刻苦训练海陆战斗能力；其次便是"宪兵"了，因为这也要重操"宪兵"的各种擒拿技能；最好的是防炮部队，他们驻守在各个山头偏乡，天高皇帝远。我抽中了"宪兵"，于是就跟着十位同学到"司令部"报到，继续我们的勤务训练。结束时我就被留在通信连，负责维修四级通保厂的无线通信器材。

这个职位看似极好,其实不然。"司令部"在台北林森南路尽头,外面便是台北有名的夜生活区,充满各式餐厅酒店酒吧和特种行业。但是预官不能出营房,只有周六中午之后才能出营,周日晚就得回营。队长是军事通信专科班的,对于大学生尤其台大的很有成见,屡次在全队集合时责备大学预官无能,甚至几次影射我。前辈给他一个绰号叫阿狗。有次阿狗叫我到他办公室,兴致勃勃地给我一个极为交错复杂的电路连接设计图,说这是上级交办的任务,他费了九牛二虎之力才设计好,要我好好研究研究,意在炫耀他的能力。这哪里是什么设计!电路交穿杂会,一团混乱。我用简单的电路逻辑就简化成区区几条线。阿狗初不相信,但在多次分析后他承认这个设计"也行"。但他送上去的却是他的设计,大概是去炫耀他解决了一个很复杂的问题。而我往后的日子便没好过过。

偏偏我组里的同事也是科班出身,他的能力更差,但总喜欢拿他的中尉官衔来压我这个少尉。这个通保厂在地下室。当时每个小兵都抽烟,其实那时没人知道二手烟不好。军队里军烟一条一条地送。那个不通风而且没窗的厂里面，总是烟雾弥漫。从早上8点至下午5点，除了午饭，就在二手烟的空间工作。曾跟"副司令"反映开个窗户，他的回答是这是新楼，不能打窗。我的喉咙自此之后便一直容易过敏。

这个四级通保厂是"全宪兵队"最高通信保障建制，所有的通信器材最后都得到我们这儿维修，所以其他单位都得买我们的账。如果有小兵外出被一个"宪兵"单位记违纪，我这边一个电话过去就搞定了。如果有不识相的不愿卖面子把违纪划掉，他们送来维修的装备就可能不好办了，因为会永远待料回不去。我们也会去各个"宪兵队"做通信装备检查，如果我们打分不过，那个单位就会鸡飞狗跳。所以我们每到一个单位，连长都会出来说句"小老弟帮帮忙"之类的话。

有次被派去绿岛做一个特殊任务，到了之后才发现"一清专案"抓的帮派分子皆在这里。我很讶异因为当局一直否认这些人在绿岛。外界传闻这些人因为还没经过司法审判，不应该被送到绿岛这个恶名昭彰的监狱。殊不知此处正是关"政治犯"的地方，坊间盛传去绿岛唱小夜曲便是被抓去那儿当"政治犯"关押。我一到"宪兵连"连长便马上来见我说，小老弟谢谢你大老远赶来，我们刚调到这里，通信不良，希望你能帮忙解决这个问题。他便带我参观这个我听闻已久的监狱。眼见整个操场一排一排的人，就像我刚入伍时的军事操练，不同的是一整排十人都以铒镣一起扣住脚踝，这些人全身都充满了刺青。一动起来都是铒镣与地面撞击的声音，连长称之为风铃声。既然这些人都在这儿，那当局为何否认呢？

连长还带我参观地下牢房，指着一个囚犯说这个"匪谍"已经在这儿二十几年了，我只看到一个蜷伏在一角一动也不动的身影。接连看了几个地方，都是"匪谍"，也就是"政治犯"。之后连长便带我去监狱的伙房吃午饭，他说小老弟你远道来我请你在这儿吃饭，我们连内不能吃。这些"一清专案"的人以前都是角头老大，很懂得做菜，好吃得很。并且他们的劳动成果都可贩卖，所以饭菜比连队的好。果真那次午饭特别好吃，异于平常军旅里的饭食。回到台北，一下军用飞机便看到新闻，"宪兵副司令"重申绿岛监狱没有关半个"一清专案"的人。从此我不再相信当局讲的话。

这时的日子真不是人过的。早上5点半起床先跑5公里，我值星的时候都会在前头领跑。然后是擒拿、跆拳道和刺枪术，还好我高中时学过跆拳道，可以带小兵们打拳。早饭后8点开始维修通信器材，下午5点下班后晚饭，6点半集合训练刺枪术、擒拿、跆拳道，直至晚上9点点名。等小兵就寝完，我再洗个澡，已将近11点。那时正在准备托福考试和GRE（美国研究生入学考试）考试，就只有这个时间了。通常至一两点才就寝，5点半又得起床跑5公里。不是不能跑，每日操练熬夜，久了就实在跑不动了。

每天就以中餐伙食最好，因为将官主管都一起吃中饭。早晚餐就不一样了。那儿有一堆碗公，一个碗里就装一点点菜，你只能拿一个，通常就是一些淡而无味的青菜炒在一起。旁边有时会有一大堆炒辣椒，算是加菜，我都宁愿吃炒辣椒，至少它下饭，我吃辣就是从这时开始的。因为晚上的伙食很差，晚上经常饿肚子睡觉，那些将官可能都以为我们三餐都吃得跟中餐一样好！

这噩梦还没结束。那时"宪兵队"有一个教战总则，是一个记载各种军事教条的小册子，本做教学精神教育用，但"司令"

把它提升为人生准则，要求"宪兵"全军都要能反复背诵且应答如流。他认为所有其他书都会腐蚀我们的忠贞思想，所以要求我们的抽屉里只能有这个小册子和两支笔，而且必须按照要求摆放，他会不定期检查我们的橱柜，不合格的会统统扔掉并记过。他还要求厕所地板必须在他用白手套抹过之后没脏才能过关。一旦有风声说他要来检查，我这个排长就得动员士官兵，用硫酸大力清扫厕所和地板，直到用白手套抹不会脏，然后禁止使用厕所，直到检查完毕。那要怎么上厕所？小兵问。回答是，那是你的事，自己想办法。

在这种情境之下，我必须藏好托福、GRE 教材和各种书籍。队长还不甚满意，因为这可能连累他。我的留美考试就是这么准备的，哪儿有时间像很多大学同学那样每天上下班，太无聊还去补习甚至去补习班教课。最终我托福考得还算可以，刚过 600 分门槛。因为根本没时间背 GRE 生词，考 GRE 时生词不认得几个，索性一个单元全部答 C，然后当场睡觉；下个单元全部答 D，再睡一下，准备考数学和逻辑。监考老师吓坏了，以为我病重，带病坚持来考试，殊不知我是认不得几个 GRE 大字，外加长期睡眠不足！

这样的日子还真苦闷，经常觉得疲惫无生气。从寝室的窗口望去就是北投阳明山的山岭，有一座金黄色的宫庙独立在那山林的中间，周围都是茂密的树林。当我远远地望见它时，内心深处就会涌上一股希望，告诉自己很快就会出去，离开这里的束缚。每当失意的时候，静静地看着它会让我心情平静些。快退伍时，有一个周末我便决定去找这个宫庙回谢它。但不知道它到底在哪里，我就搭上一班去北投的公交车，到了山区附近，便在一个地方下车，看到一条小路就往山上走去，半山腰上正是这座宫庙，原来是一个吴姓宗亲会的宗庙。我谢谢它这些日子的陪伴，让我仍然怀有希望。我就此了了一个心愿。其实冥冥之中还真神呢，我打算来谢谢它但不知何处寻，可是从上公交车到下车走上山路，没走错一步。现在每当回到台北，远远地还是可以看到它静静地在那山腰上。我还是依旧打个招呼：我回来了。

那差强人意的留美考试之后便是申请学校。我在军营怎么有空联系外国老师和学校呢？刚好 ZH 前一年才申请了四家学校，我就用他已经拿到的数据依样画葫芦，也申请了同样四家学校，最后决定去密歇根大学。我便这样来到美国求学，开始了人生的另一个篇章。

七 负笈

1985 年 8 月第一次坐飞机飞过太平洋，无比惊讶它竟然比火车还平稳。到了洛杉矶母亲的住处，更是赞叹在美国一个普通的民宅竟似一幢别墅。宽大笔直的大道和那交织如网的高速公路更令人叹为观止。不论多晚或者清晨，那川流不息的车辆在高速公路上来来往往地狂奔。美国的富庶不知是多少人的辛勤劳动换来的。

到了安娜堡又是另一番景象，这里是一个典型中西部的大学城。密歇根大学有非常大的校园，其中有校车在两个大学校区里来回穿梭。学校跟小街的民宅交织，没有围墙标识那里是或不是校园，似公园一般，美极了。这跟亚洲的大学很不一样，那里经常在围墙和大门上高挂"闲人免入"的大牌。但是冬天也真的冷，尤其对刚从亚热带来从没见过雪的我，这是另类的世界。冬天地上有几个月被大雪覆盖着。摇车窗的时候还会以为窗坏了，摇了半天那窗怎么不动呢？原来不是窗，而是一层冰，可以用力打破！开车不小心急刹车，有时还会危险地打转。越是万里无云的天越冷，美国人在房里开暖气穿短袖，穿个大外套便出门了。年轻学子男男女女穿着西式长外套格外有气质。

因为天冷，楼房大门通常有两道门隔着，而且很重，不会同时打开，以防止冷风吹进。来此第一个印象便是前面的人都会把门扶住直到下一个人接上。这个小动作让我感触很深。我从小接受的教育都说我们是泱泱大国、礼仪之邦，最有礼貌，但从来没人为我扶过门。而在美则比比皆是，这是他们的基本教养。有一次开车两边的路全堵上了，正奇怪这是乡间道路没有红绿灯，怎么停了下来？原来是鹅妈妈带头，后面跟着好多只鹅宝宝，鹅爸爸垫后，一家正在陆陆续续地过马路。所有的车都停了下来，耐心等候鹅宝宝一家过完马路，没有人按喇叭。记得还在台北读书的时候，一下起雷雨，有些十字路口红绿灯出现故障，便会塞得水泄不通，因为谁也不让谁先过。我开始怀疑我从小被教育中国人最有礼貌，而洋人粗犷无礼的神话。

这里的课程是很基础实在的。研究生三门课便算是满载，课课每周有作业，而且着重基础的打造，深耕细作。这真是又一个文化震撼！记得在台大的时候，大三、大四便可修研究所的课。一个学期修上七八门课不算多，因为课业和要求并不多，且很多课都是很前沿的新题目，但是并没深入探讨。不似这里没有花哨的题目，一门课就是一门基础学问，扎扎实实地扎下深根。同班同学来美散布各校，都有同样的文化震撼感，经过一段时间才逐渐适应。其实这正是美国大学的研究成就执世界之牛耳的主因之一。

这时电子邮件刚开始给研究生使用，还没普及，通常是个账号像学号、没有个人名字的电子邮箱。而计算机也大都是老式的大型主机系统，它通常占据一个大房间甚至一整层楼。我是我们这届学生毕业时选出来的第一届同学会会长。我在台大的大部分同学都到美留学，无法也不知如何联络。我便找几个同到密歇根大学的同学，制作卡片寄到台湾同学家里，让他们的家人转发给散居美国各地的同学，要求他们填写自己的电子邮件、住址和感言。果真回收了大部分，因而用电子邮件组建起了一个同学群，从此用电子邮件沟通联络。在那时这的确是首创，我们这 1983 级成了台大电机各届第一批用电子邮件方式联系的毕业生，后来也为各届串联而成现在的电机系友通讯网。

一开始修光电入门课，拿下全班最高分，老师是赫赫有名的 Leith 教授，他是第一位用实验证明可以做出 3D 全息摄影的人，差一点拿诺贝尔奖，因为诺贝尔奖颁给了第一个提出全息摄影理论的人。他的境遇像极了吴健雄，实证出从未有过的理论，但是却没有得到应有的认定。Leith 教授要我和他做全息摄影的光学研究，他正在用这个技术投射战斗机的飞行仪表到飞行员的视窗，这样飞行员就可以同时观看敌情和仪表。可是我很犹豫，因为这是国防的机密技术，以我外国人的身份，无法参与太多。还好很快就找到一个做信息信号处理的导师，有了资助，那时没有互联网，必须经常晚上，甚至下雪天，还得到实验室做研究。感恩节时导师找他的研究生到他家吃饭，那是我第一次被邀请去美国人家里吃饭，有火鸡和各种烧烤食物。师母自己做饭，非常好吃。这改变了我以为美式饮食不是汉堡薯条便是炸鸡的刻板印象。我们也去过这里的中餐厅打打牙祭，以慰五脏庙的乡愁。这时的中餐厅，标准的摆设是刀叉而不是筷子，不像现在，在美国能用筷子是一个现代人的象征，多谢好莱坞的明星们在大屏幕上以能用筷子为时尚。筷子现在已是美国多元文化的一部分，几乎人人会用。

刚到密歇根大学，为了省钱，与室友轮流煮饭吃。到了期末考试前，忙得不可开交。听说大学本科生的宿舍，只要交一人的费用就可以一盘一盘地吃到饱，没有限量。真有这么好的事？我们几个便整天做计划写报告备考，不吃东西，到了5点多便杀去本科生宿舍大吃大喝。那食物真好，都是美式的牛肉猪排烤鸡之类的大餐，满满的一盘，连大个子老美都只能吃一盘。各式各样的饮料甜点随便你拿，吃完可以再去要一盘。因为一整天没吃东西，我们通常一人吃上三四盘，层层叠在桌上，然后抚着肚子瘫坐在那儿休息，过一会儿再去实验室工作。老美走过都侧目而视，奇怪这几个亚裔怎么是这副饿死鬼的吃相，还天天来！后来不好意思了，就不再去干这穷酸事。

1985年12月，我和内人在南加州的一个教堂结婚，很多在加州南南北北的大学同学都来参加，顺便聚一聚。之后我们便搬进密歇根大学的研究生家眷宿舍。我的对门住着一个波多黎各来的人，叫迈克尔，主修戏剧。他和他的同性伴侣是我见到的第一对同性恋。他人非常好，也很热心。经常闻到他煮东西非常香的味道，那是中式饮食从没有过的香味。我问他那是什么，为啥这么香。原来他在煮波多黎各人常吃的黑豆，那个香味来自月桂叶，一种西方人常用的香叶，他说一片叶子就要好几美元。他给我们一些黑豆尝尝，真的又香又好吃。我们也给他茶叶蛋，他把它放进黑豆中一起吃，也说非常好吃。同样的叶子，可是东西文化的不同，却产生出不同的味道。至今我常用月桂叶烹饪，可是从没那么香过，我也怀疑那是什么特别的叶子，因为三十年后我发现，我几块钱就可以买一包月桂叶，可从来没看见过一片叶子好几美元的。

这个年代中国大陆送了很多留学生来美深造，大都是J1签证，也就是学成之后必须归国。我有不少这样的同班好友，年纪都比我大。PG在"文革"时读北大，因父母皆为留美归国教授，被停学打入广西乡村做木工十多年，直到"文革"结束始得复学，现在已是两个小孩的父亲，全家都在密歇根大学。经常看到他们坐公交车去市场采买，大袋小袋地拎着走路回家，我就主动用我那二手车教他开车，变成了好朋友，经常一起吃饭。他的孩子还小，在读小学，一听到我们是台湾来的就充满了同情。

问他们为什么？原来他们在大陆上学时，老师说台湾的小孩都很可怜，只能吃香蕉皮，所以他们会发起捐款来拯救台湾的小孩。真的？我们在台湾上学时，台湾当局也说大陆的小孩很可怜，只能吃香蕉皮，所以经常会发起捐款来拯救大陆的小孩。真有意思，那究竟是谁吃掉香蕉肉了呢？有一次在湖边野餐，看到船翻了，还一起和 PG 划船去救人。ZJ 就比较幸运了，他只上工厂做一年工便逢恢复高考，考上上海交大。他是上海人，后来我到了加州，还帮他介绍了来自上海的老乡，还成了他的太太呢！

暑假在修线性规划时，老友 ML 说这班上有个大陆来的同学非常厉害，每门课都是最高分，看我有无办法打败他。我们这个班的老师是数学系的，可厉害了，讲得深入浅出，非常好，用的书也是系上教授所写的知名教科书。他教得极好，令人聚精会神。以前数学都是自学的，第一次有数学老师教得这么令我着迷。有一次我问一个很基础的概念问题，因为课本有一个到处出现的很基本的名词，却在不同的时候有着不同的定义。几乎全班同学都对着我哈哈大笑。老师即时制止，语重心长地说，这是一个极好的问题，只有很少的人能够深入看到，并且能问这么既基础又精辟的问题。我很感动老师的评语，这也为我未来的求学注入无比的信心。期中考试非常难，总分160分，我考128分，次于我的正是那位人称非常厉害的同学，他考了90多分。老师说如果他自己来考也只能考80多分。我就这么打败了这位同学。

有一天到安娜堡的图书馆，看到一本美国人写的书，关于19世纪大批华工被高薪诱骗甚至贩卖至美建造铁道，从太平洋沿岸打通高耸的山脉群至美中西部。他们胼手胝足，以徒手和辛勤的劳动打造出美国19世纪和20世纪初的主要经济干道，在极度艰辛恶劣和死亡无数的情形下创造奇迹。可是当西太平洋铁道和东边的铁道交会，两列相向的火车迎面相向的时候，那张在中学历史课本上的历史纪念合照却只有领导和白人劳工，没有一张华人面孔！这些华工在铁道建造完后没有得到适当的照应，那时正值淘金热，不少华工去淘金，或是聚居在旧金山的一角，形成了现在的唐人街。这就是 San Francisco 中文的称呼是"旧金山"的原因。当时发生了不少排华事件，不少华人在白人暴动下冤死。有一次旧金山发生疫情，整个唐人街区域被封锁甚久不准进出。因为国力弱小，语言文化习俗和穿着都不相同，华工更是被当初的美国人看成卑贱的象征。曾经有国会议员在国会上说，纵使华人有灵魂也不值得去救。因此有了排华法案，华人是唯一不得成为美国公民的移民。这个法案直到二战时期，因为中美同为同盟国才得以废止。华人在美的历史比任何其他移民都艰辛。今天华人在美的突出地位不是一天形成的，而是先人胼手胝足、寸步寸土地耕耘开拓出来的。人要饮水思源。

我十个月便满足了硕士毕业资格，导师还帮我申请到一个校长奖学金，可有两年的资助从事我想做的任何研究。可是导师年事已高，且非专精研究的学者，我一直诚惶诚恐，不知道下一步该如何走。直到一天，在一个老师的研究室看到一本书，书名是《超大规模集成电路信号处理》，其封面画有一座吊桥，把 VLSI（超大规模集成电路）和信号处理连在一起。这时 VLSI 正在蓬勃发展，这两个领域的连接正是目前科研的瓶颈，亟须突破，而我已钻研信号处理一阵子了，这正是我所要追求的。

于是我在 1987 年开始联系在这个前沿课题做研究的老师，并寻找研究机构的工作。很快，在霍姆德尔的贝尔实验室给了我一个工作，有不错的薪资。有一天我后来的导师 Yao 教授给我打了一个电话，说他正从事 VLSI 信号处理的研究，看到我的入学申请，希望我加入他的团队，并说 UCLA 给我一个系仅有一个名额的大学奖学金，那是当年申请入学的最高荣誉。我决定放弃去工业界的机会，来到 UCLA。家人也都在洛杉矶附近，小儿也已出生，有个照料。于是内人与小儿便先飞去洛杉矶。

我那双门的二手老爷车装满了我们不多的家当。我独自从安娜堡开去洛杉矶，全程 3600 多公里，计划以三天的时间贯穿美国大陆。第一天，天还没亮，大概清早 5 点左右出发，沿着 94 号高速公路横穿密歇根州和一小段的印第安纳州。这两州的路旁几乎都是森林。过了芝加哥便是伊利诺伊州的大平原，两边尽是一望无际的农田，大都种植玉米。我追着前方的车子高速行驶，在这平原地区，大家都飞快地奔驰着。忽然后面追来了一辆警车，把我拦下。警察先生是一位黑人老兄，很不和善。他问我为什么超速，我据实以对，就这么跟着前面的车子跑，也没注意到车速，反正大家都一样快，没有超速的意图。他看看我的车牌说，密歇根州来的？你要去哪儿？我说我要去加利福尼亚州，我是学生，要去那里继续求学。他说我得付他现金。

这就奇怪啊！你给我红单子我会想办法以后付钱，我身上就几块钱准备这三天的过路费用，哪儿有现金给他？也正奇怪哪儿有警察索取现金的，莫非要吃钱？我指着车里简易的家当说，我是个穷学生，这些是我所有的东西，我没有现金。他没办法，只好说，给我你的驾照抵押，不然你们这些外州的人不会付钱。可是我还得继续开车去加州，我如果给你我的驾照，我怎么再开去呢？那给我你的信用卡！可是我还没有信用卡呀？他最后不得已只好拿我密歇根大学的学生证当抵押，我心想这个送给你都没关系，就这样他放我走了。一路心情还是很不舒服，我又不是带头开快车，我只是那一堆车中殿后的。这老兄还想拿现金敲竹杠，真是倒霉。

继续一路西去，再过去便是艾奥瓦州，这是个丘陵起伏的美丽农业州。再下去是内布拉斯加州，我所经之处是高原，可以远眺天边那一望无际的草原，甚是辽阔壮观，四周不是成群的牛羊便是成群的马。这里的公路笔直向西，一点弯都没有。那时正是傍晚，太阳就在正前方，看不清路，躲都躲不掉。于是心生一计，就找大货柜卡车，跟在它后面来遮西面的太阳。反正这些卡车都开启了定速巡航，我也依样画葫芦，趁机休息休息。

可是没有多久，因为不用集中精力开车，我开始恍惚打盹，得大叫或是唱歌来提神，再不行就找个地方休息一下。到了晚上大概9点半才到预定的一个小镇，这里已过内布拉斯加州大半。如果不是那个警察，本来预计可以早点到这儿。这个小镇是专门供来往的司机休息的地方，都是汽车旅馆。可是这时几乎家家客满，终于找到一家有空房的，倒头便睡。

第二天天刚亮我就出发了，吃了剩下的干粮，一路再往西走。不多时来到了怀俄明州，这边都是巨大无比的山脉。俗话说山不转路转，意思是过不了大山，没关系，转上去又转下来不就过去了吗？可是老美是不吃这一套的，这里地广山高人烟稀少，那高速公路就这么直直地往上开去，有二三十度的上坡，也一样是直直地往下走，没有一丝转弯的地方。一开始我这二手老爷车还是呼啸直上，可是渐渐地就越来越慢，怎么踩油门都没用，喘着粗气像是老牛在挣扎。往后一看，一堆车在后面跟着，赶紧靠右线让它们呼啸而过，而我就跟着大货柜车慢慢地爬升。下山时，真的又是笔直而下，这时老爷车又神勇起来了，渐渐追过各式车辆。就这么一上一下地来到犹他州，这里还是山区，可是不再是巨大无比的山，而是崇山峻岭。所以这边的路便是

七 负笈

山不转路转型的，蜿蜒而过。不多久，太阳还没下山就到了有名的盐湖城，决定在此住一晚。先去参观了著名的摩门教堂，那几个高耸笔直黄金做的尖塔正是摩门教堂的经典标志，听说世界各地的摩门教堂的设计都是一样的。

第三天一早，干粮早已吃完，找了一家麦当劳点了早餐，用英式松饼加蛋、香肠和奶酪组合成的早餐三明治，太好吃了，来美后从没出门吃过早餐，这成了我最喜欢的美式早餐。过了盐湖城便开始往西南方向下切去南加州。在犹他州和亚利桑那州交界处是有名的大峡谷，这里高速公路依傍着陡峭的山壁蜿蜒穿过，真是鬼斧神工、气势磅礴，不禁想要多看几眼。可是转弯甚多，只能半看半开地继续高速行驶。过了这一段便是内华达州一望无际的沙漠，这里唯一的景点便是拉斯维加斯这座举世闻名的赌城。在这里花了很少的钱便吃了一顿丰盛的自助餐。吃完了又上路，几个小时之后，翻过一座山，远远地就可以看到那蔚蓝平静的太平洋了。

我终于到了洛杉矶。

八　加州大学洛杉矶分校

UCLA 地处一个山头，南边是西木区（Westwood），一个年轻人喜欢聚会的好地方；东边靠着贝弗利山庄，一个众星云集的豪宅区；北边的贝莱尔更是华贵，里根总统的故居即在此；西临圣莫尼卡，也是高级的临海住宅区。这附近几乎没有老师和学生住得起的地方，都必须住在远处。

1987 年 7 月我便开着二手老爷车到了洛杉矶。我接受大学 Fellowship 奖学金时被告知我有最高的优先级申请到学校的可带家眷的学生宿舍，可是他们说没有房间。有优先级但没有房间还是无计可施，只好在一个不是特别好的地区租了一个一室一厅的公寓，一个月 565 美元。我的奖学金当时一个月 1000 美元，还要交学费，买保险，外加生活费，根本入不敷出。当初失算，不知 Fellowship 不包括学费和保险费，不像在密歇根大学时全部包括。洛杉矶是个生活成本很高的城市，所以必须省吃俭用，月初时有 1000 美元，月底如不小心就会破产。银行也挺坏的，他们认定从我这种客户身上赚不了钱，只是白白为我服务，所以他们规定每月我的存款不得少于一个我达不到的数目，逼我每月缴纳服务费。老同学 ZH 也在同系就读，只好向 ZH 先借一笔钱，使得每个月底的钱会在那个数额之上。当时的加州大学的确对研究生的待遇很有缺失，所以在 1988 年加州大学所有校区的教学助理全体罢工，抗议这无理的低薪。

为了买婴儿床，我们去西尔斯——当时全美最大的百货连锁店。那个时候大部分人还在用支票付款，也没有银行会发信用卡给我们这种穷人级别的。当我们拿出支票簿要付钱时，经理竟然要求看银行账户。这是相当无礼且闻所未闻的。经理是一个白人老阿婆，可能她不相信我们亚裔有能力购买区区 119 美元的婴儿床。我们力争无效，只能拒绝购买。的确，以我们的经济能力，去超市都会选那减价又减价的特价菜肉水果，也大都光顾附近的"一美元"商店，虽然其商品都在一美元左右，经常还是会有惊喜。宿舍对面是肯德基炸鸡店，每天那炸鸡的香味令人垂涎三尺。有一天实在受不了了，鼓起勇气去买来打牙祭，那店员竟然给我一根鸟腿般大小的炸鸡腿。我不服气地跟她说，请问你这个是鸟腿还是鸡腿？她才不情愿地换了一根像样的鸡腿给我，实在是欺负穷人……

一晚小儿突发高烧，隔天一早正要送至医院时才发现那辆二手车的车窗玻璃已被打碎，盗贼企图拿走音响和婴儿座椅，没能拆下所以到处都是破坏的痕迹。只好找来 ZH 送去加州大学医院急诊室。除了治安问题，1980 年代的洛杉矶有极其严重的空气污染。到了什么地步呢？你如果开车行驶在 10 号高速公路上，两边明明高楼林立，可是你却看不到一座大楼。我这在当兵时被二手烟呛伤的喉咙对此极其敏感，自然很不好受。这就是如今加州汽油品管和汽车排气标准均是世界第一的原因，这是唯一一个解决加州空气污染的方法。一年后学校终于通知，已有一学生眷属公寓空出，便赶紧去看。它正在 405 号高速公路旁，前屋主说只要你愿意把往来车辆的噪声当成海浪声，你的日子就会好过一些。只此一间，那就搬过来了，从窗户看出去，来来往往的快车在 405 号高速公路上疾驶，我们也就这样地听着"海浪"声，直到离开加州。这边距离 405 号和 10 号高速公路的交叉处很近，是全世界车流量最高的地方，当然有着最强的"海浪"声。

当初从密歇根大学至加州大学，为了能不间断地继续我已有一些进展的独立研究，我决定花 3000 多美元买下一台当时最新款的苹果麦金塔电脑。在 1987 年这几乎是我所有的家当，但是这个决定是对的，在加州大学 10 月开学前我还未正式成为其博士生时已与 Yao 老师把论文稿投出去了。因为上述种种因素，我每日工作至半夜一两点，抓紧时间创作研究，希望能早点毕业。那个时代电子邮件才刚开始，还没有互联网，必须去办公室工作。写论文投稿，得影印好几份，厚厚的一叠寄给期刊主编。他们收到之后，再分别邮寄给世界各地的副主编，然后由副主编邮寄给全球各地的审稿人，之后一样以邮寄通知审稿结果，然后作者再修改，再来一遍审稿流程，通常得来回三遍。所以当一篇论文被接受时，通常已一年多了。投会议论文也很有意思，当论文被接受时，会收到一份很大的硬面纸板，我们得把论文放大然后粘贴到硬面板上寄回，会务组再将其照相然后做成会议论文集。这个论文集通常有好几册，每一册都是厚厚的好几百页。那个年代出门开会，都会带回厚厚一大袋论文集，飞机上满是拎着大袋的人，堪称奇观。这个是现代人无法想象的，现在所有这些东西都在"云"上，凡事一个按键或指令便搞定了，世界就在一眨眼之间。所以那个时代发表论文是个大工程，实属不易。

经常放学回家后带小儿骑着他的玩具三轮车，一路轰隆轰隆地骑去公园。途中会经过一个小区，房子虽不大，但是住户们对其房子的维护与院子的整理做得挺好，像一个个温馨的家。那时的心愿便是有一天我也要有一个这样的家，一个经典的美国梦。我喜欢南加州的海滩，那一望无际的太平洋是如此浩瀚宁静。经常会有用木头架起的海堤从沙滩延伸入海中，上面有很多游人钓客，甚至还有餐厅。我喜欢在堤上看日落，红色的夕阳更衬托出大海的无边。海岸边会有很多冲浪客在一起一浮的浪头里等待机会，一个波浪到时便起身站上冲浪板，向滩头滑去。可是并非每次都可以顺利搭上浪头，很多时候，时间没有拿捏准或是技术不精，冲浪板并没有起来，而是待在原地，那个浪头已过。这一幕让我深深体会到，做学问何尝不是如此。一波一波的新思潮一阵又一阵地打来。我们看着、等待着我们要冲的浪头,时机一到便搭上浪头往前冲去,到了岸边,再划回去等待下一个浪头。学术生涯不就是如此吗?好的冲浪家训练有素,可以乘上大的浪头,冲得又高又远。技术不够的,只能一上一下地望着过去的浪兴叹了。所以我们的训练到什么程度便可以冲多大的浪,太早或太迟的结果是一上一下地留在原地。

南加州有很多世界各地来的移民,经常闹笑话。有一个台湾来的留学生也住在我们这边的宿舍,她的先生最近才过来。她警告他说这边治安不好,光天化日之下都有行抢的事情,要格外小心。一天傍晚她的先生在街头散步,一个非裔慢跑过来,一不小心将他撞倒在地,他心里一急,一看腕上的表不见了,急急从后追赶并大声以英语嚷嚷:"give me watch。"其实他想说还给我表,但是他的表达变成了"给我表"。不料那人越跑越快,他也一路追去并一直嚷着"give me watch"。到了路口,那人忽然停下,快速摘下手表给他,然后迅速跑过马路远去。这位先生拿了表定下神,慢慢往回走,忽然一惊,这表并不是他的,回去之后才发现他的表原来放在家里并没有戴出去。之后他天天戴着那"抢"来的表等在路边,希望能还给那个人。

可以想象那个人一定也会和他的家人朋友说千万不要去那里，光天化日之下会有亚裔追着抢表，简直无法无天，太可怕了。的确，不同的文化背景经常无意中生出误会与误解，只有互相包容与谅解才能打破不同族裔之间无形的文化隔阂。

还有一个也是文化隔阂的笑话。美国人很富也很爱护动物，所以在1980年代，在超市里有一整排的猫狗罐头品牌，是美国人买回去给他们的爱猫爱狗吃的。这个对台湾来的人来说实在无法想象，狗猫能吃家里的剩菜剩饭已是了不起的事了，人都少有罐头吃，怎么轮得上猫狗呢？台湾游客发现美国的超市有一整排猫和狗的罐头，特别便宜又好吃，就跟发现新大陆一样，买了很多回台当礼品送人品尝。

加州大学的博士资格考试有两关，第一关是开放式考试，有十二门课，一课一题，应考者可从中选六题来答。这是个历时一整天的考试，可带任何书籍应考。有趣的是，竟有一位台湾来的老兄用超市的推车推来满满一车书，可能是他所有的书。无家可归的人通常用推车装满仅有的家当，希望他没被认为是无家可归的穷书生。第二关是口试，须找两位主修老师和一位副修老师口试两个小时。Yao 老师很高兴地跟我说你的博士资格考试考了第一名，半年后我便提博士论文计划，成为博士候选人。因为大部分内容均已完成且发表在国际期刊或是会议上，论文委员会决议通过且无需最后的论文答辩考试，只要导师同意、所有委员签名即可。这是论文委员会能给的最高评价，肯定了论文质量。

我在 UCLA 记忆最深的两门课是我在最后一个学期，所有事情都做完时修的课，跟我的专业毫无关系。一门是语言表达与传播，在这门课上我们学习怎么表达与演讲，我明白了眼神、对视、肢体动作和语气的拿捏及抑扬顿挫的重要性。我们也通过对自己表达的录音来真实模拟，因此知道自己表达的缺点，老师从而指导修正。这门课对我一辈子以教书为生有极其深刻的影响。另一门课是帆船入门。UCLA 在洛杉矶的一个小港有一个码头，在那边我们可以学习如何驾驭帆船。没有马达的声音就能乘风破浪，那船身倾斜 45 度逆风急驶的激奋是难以用笔墨形容的。最后考试通过前得把一艘倾覆的帆船翻转过来。我一直对那帆墙点点的海面、悠然驶过的帆船充满向往。真是"过尽千帆皆不是，斜晖脉脉水悠悠"……

我在 UCLA 时还兼任教学助理（TA），以赚取更多收入，这个经验改变了我对未来发展的看法。几乎每个学期，我的教学评价都是"极好"，有很多类似评语：他是我碰到过的最好的 TA。即将毕业时 Yao 老师也鼓励我在大学当教授追求学术研究，他说你是我最好的学生。于是我便专心找教职。这里还有个插曲。有一次上课，每次我从黑板回头看学生时，他们就很快地收起奇怪的笑容。我终于忍不住问你们在笑什么，有一个学生说，TA，你的"shift"单词要把"f"的音发出来，不然的话会听成"shit"（屎）了。原来我正在教一个"移位不变性"（shift invariant）的系统概念，不知不觉我的中式英文经常"省略"子音，便成"屎"了！这是我们亚洲人讲英语的通病，因为我们很少有子音在字词的后面。

这时碰巧美国经济大萎缩，处处都在遣散员工，各州和学校也都有财政困难。再加上乔治·布什总统在 1990 年同意所有中国大陆来的留学生都可以留下，博士就业市场一下子增加了成千上万的竞争者。记得找教职时很多学校均告知它们有超过 1200 位申请人，后来我到马里兰大学应征面试，也被告知这个数字，更糟的是只有一两个位子。还好总算三生有幸、祖上积德，竟让我给应征上了！

美国西岸时间比东岸晚三个小时，而且要飞上五六个小时才能到达，所以从西岸到东岸应征是个苦差事。第一天一早就得上飞机，到达东岸时，加上三个小时的时差，已过八九个小时，已是晚上。赶紧吃了晚餐去睡觉，因为6点半就要和对方一起吃早餐。可是这里虽是10点，我的生物钟还是西岸的7点，怎么都睡不着。担心明天会没精神，更是强迫自己要赶紧睡着，如此更是睡不着，要熬到半夜才能睡去。第二天5点半便得起床着装梳洗退房准备吃早餐，可是这早餐怎么都吃不下，因为身体还以为是半夜3点半。然后早上9点做报告，一夜只睡4个多小时，精神恍惚，也只能尽力而为。然后是每半小时一个会面，直到傍晚。然后去机场搭晚班七八点的飞机回西岸，到时已是半夜。这个一日有四十八小时的应征日程还真不是人过的。

到马里兰大学面试是第一次飞到马里兰州，从巴尔的摩下机便看到墙上画满微笑的螃蟹，说：马里兰欢迎您。一路坐车到校园，公路两旁都是美得像公园的森林绿地，不像加州尽是丑陋的建筑物。校舍建筑大都是美国早期的所谓"新古典"风格，古色古香，迥异于加州大学的摩登现代，好似来自两个不同的世界。经过两年多加州拥挤和污染的洗礼，我很快就爱上这公园般美丽的马里兰州了。

拿到马里兰大学教职后，我在 1990 年 4 月提交了博士论文并审批通过，从 1987 年 10 月至此整整两年半。在我的博士论文感谢前言里，有着一句结束语："由衷感谢内人在这些年的支持和鼓励，尤其忘不了的是那些日子我们仅能买 30 美分一条的吐司面包和一个几乎没有余额的银行账户。"

九　迟来的喜讯

这个美丽之州紧邻华盛顿特区，事实上华盛顿特区就是从马里兰州划出的一块地，依傍在波托马克河旁，作为美国首府。所有政府部门、国家级研究机构、博物馆都在此处，是一个虽不是尽人皆知，但阔气大方、人文荟萃的美丽城市。不知不觉我们在此一待便是三十余年。

但是1990年时的华盛顿特区却被称为美国的谋杀首都，因为其谋杀率冠于全美，尤其是东北区和东南区。那时华盛顿特区的市长竟然是瘾君子，进监狱出来又被选上，因为他是非裔，那东南区、东北区几乎都是非裔，他们有选票的优势。而马里兰大学紧邻东北区的一个区域叫作学院公园。华盛顿西北区和西南乔治城区则是地价昂贵的高档区域。我刚来他们就警告我千万不要从1号公路往南进入华盛顿特区，如果这样做会后悔的。

我这个用客家话说"硬颈"的人，当然就会去看看那是怎么一回事。果不其然，一进入东北区，街道两旁的房子不是没门就是没窗，且大多用木板钉上盖住，庭院的花草因疏于整理而荒芜不堪，墙壁的油漆也是到处剥落，就像无人的鬼城。但是在每个路口却会有几个有文身的壮汉坐着或站着盯着你。如果碰上红灯不得不停，你会恨不得赶快闯过去，因为不知道这些人会不会拔出刀枪或者直接闯过来。听说他们要么是贩卖毒品的，要么是看管地盘的，身上都有武器。就这样熬了半天才庆幸安全地开出了这个可怕的区域，以后三十多年再没去过一次！

到了马里兰大学便在学校旁的公寓租了房子，它就靠在国家实验农场旁边，一眼望去就是一大片绿油油的农地，对从洛杉矶来的人来说，这比那"海浪"声美好多了。傍晚可以看到很多的萤火虫到处飞舞，实在是太令人兴奋，因为我从未见过萤火虫。

第一年的时间就在备课、做研究、写论文和提研究计划、找经费里度过。那时主力计算机是 work station，一台要价二三万美元，虽很贵但可支持很多用户。系里给和我同一年来的一个美国同事买了一台，可是会计部门说不能给我买。我就找系主任，他说你来应聘时没有提及要新人启动经费，所以你没有这个预算，不过没有关系，我给你买。的确，当初我啥都没要，不像现在新的年轻教授都有一笔可观的启动经费。他们只给我研究助理的待遇，为期两年，而且每年只领九个月的薪水，暑假没有工资。记得第一年暑假系里没有经费付我的暑假工资，我去找我所属的研究中心，中心主任竟然说，我这里不是退休的地方！其实我只能怪自己没经验，不知道谈判。美国有个谚语，你拿到的不是你值得的，而是你谈判得来的。这就是西方文化。

因为没收入，我只好格外努力去找研究计划。但经济萎缩持续到 1994 年，前三年真的很辛苦，连资深老师都找不到钱。我真的好几次差点想放弃走学术研究的志向。后来终于柳暗花明，我从美国国家科学基金会、美国卫生与公众服务部、海军和工业界拿到不少研究计划，从此不再为钱烦恼。系主任说我是系里最危险的人物，因为每当老师提计划时，很多资助单位都会要求系里也能搭配补助经费，他通常都会答应如果计划获批，他就配套一两个学生。因为计划获批的机会通常不大，估计每四五个计划中只会有一个获批，可是我申请的计划全部都中，使他大大赔钱。

这时我也有一些优秀的学生做出很多很好的科研成果，拿到了IEEE信号处理学会的最佳论文奖。系主任找我说他要提名我参评总统年轻学者奖（后改名为国家科学基金会年轻学者奖）。这个奖项一年一个领域才一个名额，科研经费给五年，每年有50万美元。这在当时是个大数目，尤其是对年轻的助理教授而言。几个月后，有一天大约快6点，正准备下班回家，只见系主任一脸愤慨的样子走进我的办公室。我正讶异中，因为他从未不打招呼就自行走到我这里。他劈头就说，我刚才跟一位老同事讲完电话，他在科学基金会当评委，你排名第一，但是你没选上，因为你有一个错的姓氏。

系主任是地道的美国白人，为德裔姓氏，他不可能编造这种故事来讲他的国家。可是他是雇我的人，一直支持我且以我为傲，所以他为我愤愤不平。我看着他，心里着实惊讶，不知该如何回答。他踱了几个来回说，不要让这件事改变你的研究态度，继续努力，直到他们不能忽视你，然后就走了。我愣了一会儿，还是不知要说什么，整理一下便回家了。隔年，也就是1994年，我最后一年还有资格被提名这个奖，终于拿到了。后来系主任当上院长、教务长，然后到别的大学当校长去了。我则继续走科研的路。此后我们再没见过面。

事实上这种差别待遇是很常见的，当然有恶意歧视的人，其实大多数并不是恶意，而是出于无知的刻板印象和文化偏见。记得有一次和几个年轻教授一起去吃午饭，除了我其余都是美国人。他们喜欢走着去专卖店买现做的三明治，然后到校园的一个角落，坐下来边吃边聊。美国人的午餐大都是可以用手拿来吃的食物。这时我们正在招聘新老师，其中一人便说，我们应该招募美国人，因为他们会是比较好的老师。虽然这是一个偏见，但是亚裔得承认亚洲人大多不擅长表达，也不重视它。后来没人敢在我面前说这种话了，因为我一路拿下系里、院里、全校甚至IEEE的教学奖。我证明亚裔还是可以成为很好的老师的。其实直到我退休，我是全工学院唯一一个拿到一年一度的教学奖、研究奖和服务奖三个大奖的人。打破成见的最佳法则就是用事实来证明那是错的。还有一次也是被提名科学基金会的一个奖，有一个评委竟然说拒绝我的原因是我是从台湾来的，有一天我会回台湾，没有必要浪费资源给我这个计划。如果这不是成见，那什么才是？

我对学生的要求很严格，刚开始教书的时候年轻气盛，我不像有些老师，极尽讨好学生之能事。为什么呢？因为美国的大学在学期的最后会让学生对老师的教学做评鉴，而这个教学评鉴和研究一样影响每年的加薪。在学期的第一堂课，我会介绍课程的内容和主旨，最后我会跟学生说，我不是来这里让你高兴的，我来这里是要教你一辈子受用不尽的知识和技术，我不接受迟交的功课和计划报告，为什么？因为这是我们工程师的基本专业素养，如果你是医生，病人有急事你半夜都得到。你将会是工程师，一个公司的竞争能力在于工程师团队能不能准时把计划完成，你的拖延会大大影响你的公司的竞争力，所以准时做完计划提交结果是工程师的专业素养，你必须在学生时期就养成这个习惯。还有，我们的工程设计用在飞机上、汽车上，以及所有电子信息计算系统上，没做好可能会出人命的。当一座桥垮下来时，工程师不能说，哎呀，我能不能还得到一些分数呢？考试文不对题就是零分，不要来问还有没有一些分数，因此你三十年后都不会忘记我……其实我虽然严格，但是面恶心善，在系里我的课是有名地难，但是我给分都比其他老师高，所以修我课的人就特别多。多年之后，在外头开会，经常会有人来跟我说，刘教授，我以前上过你的课，我现在还在用当初你教的知识，我没有忘记你。我们互相会心一笑，那是只有上过我的课的学生才知道的事。

还有一次教研究所的课，有一个学生大剌剌地摊开报纸在看。我厉声说，在我的课堂上没人能看报纸，你要看就出去。他很不好意思地收起报纸。多年之后，当我在竞选 IEEE 主席时，我在会员中大力宣传我的竞选理念与所承诺要做的事。有一天我收到一封电邮，那人说，我二十几年前修过你的课，拿了硕士学位，现在在俄勒冈州一家电力公司当控制工程师，我还在把你教的东西用在我每天的工作里，我一定支持你的竞选，我也会找我的同事投你的票。我一看这个名字很眼熟，我先谢谢他，然后问，你是不是在 1994 年修我的课被我骂还差一点被赶出去的那位？他说，正是，我很感谢您的教导，我现在有一个幸福的家庭，两个孩子，在几个公司任职过，有着很好的职业经历。当我选上时，他先跟我恭喜并说他想升 IEEE 高级会员，我是不是可以给他写推荐信。我说当然乐意。几个月后他来信说他已升为高级会员，再次感谢。做老师有苦有乐，这是一乐也。

系主任对我甚好，他是雇我的人，我做得越好他就越有面子。记得当初我刚到马里兰大学时他跟我解释升到副教授拿终身教职和评上正教授的资格与条件，我打断他的话说，这不是我的目标，我的第一个目标是 IEEE Fellow，然后是国家工程院院士。他一时愣在那儿，不知如何接话，也许心想此厮好大口气，真是初生牛犊不怕虎。现在回想起来，还真的会捏一把冷汗，当时竟敢讲那样的大话。在我那个年代，顶尖的大概十年可以升上 IEEE Fellow。后来尽管我已经拿到学会最佳论文奖、国家科学基金会的年轻学者奖，当了信号处理学会多媒体技委会主席，有近百篇 IEEE 期刊论文，但是提了三次才上。很多没有这些资历的同侪都已选上，有资深的前辈认识选委会的人，问的结果是"nothing spectacular"，没什么出众的，直白地说就是莫须有。直到 2003 年我拿到前所未有的最高票当选信号处理学会理事和被任命为学会的旗舰期刊《IEEE 信号处理杂志》主编之后才选上。原来这个 Fellow 选委会是个黑箱，已经很多年没换过人，也没有人知道谁在那儿。英语里有一个词组"good old boys"，直译是好老男孩，用来描述一个老是同一批人且都是老男人的小团体长期霸占着一些位子，我基本上不认识这些人。后来我当上学会领导，我就把这个选委会透明化且设定了任期，更重要的是人选提名和选择机制必须严谨和有多样的平衡。

更是后来选上国家工程院院士的时候，如潮的道贺中很多都说这是个迟来的肯定。普林斯顿大学工学院前院长甚至在众人面前说这是一个"way so overdue"，过期甚久的认定，其实她早在四年多之前就已私下说了。虽然是迟来的喜讯，我深信只有实至名归才能受人尊敬。迟到的遗憾与早来的雀跃欢喜都在一念之间，时间很快就会冲淡一切。我常给学生后辈一个比喻，人生就像是在跑马拉松，比赛当中谁跑在前头并不重要，重要的是谁先到终点。可是不要把每个奖赏都当成终点了，这应当是另一个新的起点。况且胜败乃兵家常事，要追求的是一辈子最后的成就。有了这个心态就没什么好计较的了。

我永远记得也遵循系主任给我的那句话，继续努力直到他们不能忽视你。在美的华人要多上几倍的努力和成就，才能与白人平起平坐，这是一个不争的事实。可是我也发现西方人的可爱之处，也就是一旦受到肯定，当他们信服你的时候，就会真心支持你，不似华人社会的复杂多端。我的实验室有着系里最多最先进的工作站，有了资源，我的团队开始加速科研的脚步，我的科研事业开始起飞了。

十　逐梦

美国地大物博，到处都有平价的房产，只要努力工作，人人都有机会拥有房产，这就是大家常说的"美国梦"。

来到马里兰州租了一年多房，觉得置产买房比较划算。马里兰州的房子相对便宜，当时只要有一个稳定的工作很容易借贷买到一座普通的房产。我们最终把房子买在离学校大约二十分钟路程的一个叫银泉区的地方。这里比学校附近安全且环境更好。我们买的是一座马里兰州典型的房子，外头有四根白柱子，四室两厅，有两层，坐落在一条路的尽头，边上有个圆弧。我们很是高兴，来美辛苦了好多年，终于圆了我们的"美国梦"。

可是才搬进来第二天就发觉不妙了。不是房子有问题，而是房子对面的一个大区的所谓的特别区。马里兰州政府规定每一个大区都要有一小区专为低收入弱势家庭而设。这边大多是公寓，政府会从各个地方找来弱势家庭，甚至从外州找来，给予补助，住到中产阶级的社区，大部分是非裔和西裔美国人。用意是好的，要打破他们在生活环境上的恶性循环，可是却往往事与愿违。

每天一到晚上，对面的街口就会有一些年轻壮男站在那儿聊天，而且一聊就是一个晚上。让我想起从1号路开进华盛顿特区的历险。他们经常把车子的音响打开并开得很大声，我们在对面的室内都不胜其扰。打电话叫警察来，声音变小了，可是警察一走，音乐声反而更大来报复。第二天一早，地上不是碎酒瓶就是香蕉皮。每周这区不是来警车，就是来救护车，甚至消防车，还真的烧了几次。他们的小孩经常成群结队地骑着脚踏车在人家的草坪上游荡，如果有人来骑压我的草坪我会出去赶他们，但是就像那些壮汉反而把汽车音乐加大一般，我人一走，他们就更加恶意地挑衅般地骑压在我的草坪上。

我们的"美国梦"很快因此破灭。拥有一个家就希望这个家是个窝，能有安全感，可以一家人平平安安地过日子。但是恰恰相反，好似周遭是一个敌对的环境，增加许多无形的压力。其实美国的城市基本上是一个无形的经济隔离社会，有钱人都住在好区，而好区通常比较贵，没有一定的经济能力是负担不起的。所以在美国各个地方，好区与坏区至为明显，不像亚洲或是欧洲，虽然也有好坏之分，但是没有分得这么清楚。美国的好区以白人或亚裔居多，而坏区则大多为非裔或西裔，虽然不似以前的政策性种族隔离，现在是自然形成的经济隔离，但也反映出了相当程度的种族隔离。

好在我们有好几个好邻居。吉姆就住在隔壁，他是一个兽医，在北卡罗来纳州长大的非裔美国人。他非常勤快，经常割草整理院子，种各种鲜花来美化他的院子。美国东部社区的院子邻居之间是没有围墙的，草坪一整片相连，所以他的院子越美，我这紧邻的院子有什么问题马上就看出端倪。吉姆很热心，我所有的美式院子整理功夫都是跟他学的。从买什么割草机、怎么用、怎么保养，到买专门割周边草的手提机器，再到如何施肥撒种，统统都是学问。我房子旁的矮树上有蜂窝，有一次我们正打算驱除它们，但是一不小心触怒了蜜蜂，被叮得到处逃窜。不是从小在美长大，没有吉姆这样的邻居是无法自行整理家院的。当然我也要谢谢卫道中学石修士对我的除草锻炼，让我从此不惧怕园艺之事。

吉姆的后院有一个大汽油桶般的烤炉，横在一个架子上，是他爸爸帮他做的。这个可是北卡的正宗设计，还可以烟熏呢。吉姆几乎天天都在用这个烤炉烧烤食物。原来北卡是美国的烧烤胜地之一，烧烤就在他们的血脉里。看他有此兴致，我就跟着他学，尤其是北卡的绝活，用胡桃木来烟熏食物。中式料理很少有烧烤的习惯，反观欧亚大陆及美洲等地，很多国家的烹饪方式都是以烧烤为主。自此我的烧烤也小有名气，尤其是中西合璧的烟熏烧烤，自成一格。

斜对面住着一对德裔老夫妇，他们非常和蔼可亲，应该七十好几岁了，先生是工程师，自己创业开公司。他俩从德国移民到美，一起在这个新世界打拼。两个孩子都已成家。他们说如果看美国队对德国队的球赛，他们为德国队加油而孩子则为美国队加油。我问他们为什么你们之间都用英文交谈，他们笑说英文词句比较短，不像德文一个字可以很长。在这两家之间住了一个美国白人，是个会计师。我们刚搬进来时去打招呼，当时他就不怎么理我们，所以一直没有什么交往。

这座房子已经有十几年了，家里电器用品，像冷暖器机、热水炉、洗衣机、洗碗机和各种器件，比如水龙头、水管都得更换，当初买房时没有料到。因为经费有限，能够自己修的都自己修。有一天，一根白柱子忽然塌了，跌落地面，它的下边久遭雨水侵蚀，早已腐烂。正在伤脑筋怎么修这根柱子，一起在中文学校当志工的老朋友HY有木工经验，跑来帮我修复这根柱子。他人有难时愿意伸手援助的人不多，HY正是这样的人，我们后来成了很好的朋友。这时房子外面因为夕晒，油漆多有褪色剥落，找人来估价，超过了我们愿意支付的范围，就决定自己干了。拿了高梯在两层楼高的外墙和屋顶整整涂抹了一年多才大功告成。做之前还真的不知道这个工作的难度和危险，人必须站在很陡峭的高梯上慢慢涂抹，像是画画，急不得，还得涂上两遍。实在很敬佩油漆工能够每天做这么艰苦的差事。

小女这时也已出生。这个社区中有一片很美的小树林，我们经常在下班后或周末带着孩子一起在这片林子里散步或骑单车。下雪的时候学校都会停课，我们便在小斜坡上滑雪。马里兰州到处都有这种树林保留区，有一条小径就蜿蜒穿过这座树林。它林木高耸，有小桥溪流、大石头和一个小池塘，非常恬静优美。可惜的是，因为那个特别区经常有不太好的人搬进来，这边的治安也越来越糟。树林入口的牌子出现了几个弹孔，里头的大石也被油漆涂鸦，偶尔还会看到一些古怪的年轻人在里面闲晃。这里不再是宜居之地。这时小孩已经开始上学了，渐渐地我们也观察到他们的语言行为，都受到这个特别区的亚文化的影响，我们开始计划搬到一个学区好又安全的地方。

十一 中文学校

在美华人为了让孩子们传承和了解中华文化，都会送他们去周末的中文学校学习。当我们去报名时才发现，我们附近的老牌中文学校正因内部不和而分家。因此学校也急着找志工，我们因为孩子们在这里上课，也顺理成章地成为志工，在理事会帮忙招呼打点。很多家长也充当起义务性的老师，教起中文，从小学、初中到高中都有。

我负责帮忙课外活动，除了各种运动，很多是与中华文化相关的，像是踢毽子、武术、象棋、民族舞蹈等。暑假我就办露营，这是很好的与大自然接触的亲子活动，很受欢迎。马里兰州的营地特别好，不仅平整，还有一定的私密性，通常围在灌丛之内，且浴厕、水源、烧烤设施应有尽有。我们还到很远的缅因州公园去露营，那里的浣熊特别聪明，它们会用两只前掌打开冰柜，而且还很挑剔，听说只拿高营养的东西，像鸡蛋或者低胆固醇的健康饮食。其实我不怎么相信，但是看到它们胖胖的模样，的确得减减肥！忽然一晚听到隔壁帐篷传来尖叫声，出来一看，原来一只浣熊竟然打开了老美架在车上的箱型衣柜，跑进去了，可是那衣柜关上门后浣熊出不来了。当那个老美半夜想找衣物时，冷不防从里头跳出一只浣熊！

通常在美的中文学校没有自己的校舍，大都是租用初高中的教室于周末授课，其中大多数在周日下午。家长们带小孩去上学，也利用这个等待的时间交流，并且开展了各式各样的活动，有打球、舞蹈、演讲、卡拉OK等等。就像犹太人利用周六上教堂顺便聚会，华人利用周末的中文学校来增进大家之间的交流，也认识新朋友。

孩子们也在这儿认识他们的华人同胞同学。大多数小孩会说一点中文，只是多与少的区别罢了。就像在我们家里都说中文，所以孩子们也都可用中文沟通。但是小孩之间大抵还是用英文交流。这种一周上一次、每次几个小时的中文课,虽然学习认字写字,到头来还是不识几个大字。我们也放宽标准,只要他们愿意去上中文学校,就会有一些奖赏,像吃冰激凌,每一家几乎都是如此。有时小孩子做作业烦了,还会抱怨说不该上中文学校,或是埋怨我们这些华裔父母只会给小孩增加压力。天下父母心,直到有一天他们长大了才会理解的。果不其然,不用太久,他们在大学毕业步入社会之后,很快就领悟到了有双语能力和了解他们血脉里文化之根的好处。他们很是感激,竟会说以后他们也会送他们的孩子去中文学校。真好,那你们等着也被孩子骂吧!

因为我们必须租用美国学校的教室和设施,有时会遇上麻烦甚至是被欺负。有一回中文学校租一个高中大礼堂举办新春晚会,有很多学生表演节目。这也是我的职责之一,于是到处打点。我注意到这个学校负责礼堂的工人对我们的孩子非常不友善,不是对他们大声斥责吼来吼去就是置之不理。这不仅违约——因为我们也付他钟点费——更是对孩子们的歧视,完全不能接受。于是会后我跟其他理事和校长讨论是否跟美高中校方提出抱怨,可是一半以上的人都觉得我们还要继续租人家的教室,还是以和为贵。我力陈摆在眼前的是一个可能的歧视待遇，继续在这里租用教室，对我们的孩子不利，不利用这个时机警告美校当局，这个工人的态度只会更加恶劣。但是大多数人还是选择息事宁人。

一周后收到美方校长的通知，说我们的春节晚会弄坏了他们的声音反射板，要求我们赔5000多美元来修复，正是这个工人提的损害报告。真是恶人先告状！我们没人知道那是啥，怎么可能去用它？我就去学校问这工人，给我看看这是什么东西、哪里坏了。原来是几块可以折叠的大板子，可用来反射钢琴或合唱团的声音，它们的边缘有折损的痕迹。我跟他说我从未看过这些东西，我们那天没有用这些东西，且你整晚在场，你应该很清楚。他不仅盛气凌人地说我们不仅用了，并且把它们弄坏了，如果不赔，以后别想再租用大礼堂。

我带回这信息。第一，我们没用，更没弄坏，这个指控子虚乌有。第二，这个工人恫吓我们，如果不赔的话，他们以后不会再租给我们。结果大部分理事竟要赔钱了事。不由得想起中国近代史打仗没输还割地赔款的事，自己人斗得可凶呢，可是看到外国人就像软脚虾。他们说这校长跟工人一个鼻孔出气,你能奈他何?我说就告到县督学办公室,那个校长的老板那儿,他们可怕死了歧视这种指控。但是还是没用,一半以上的人都不同意。好!你们不敢,我就自个儿去。有一个在航天部门工作的理事自愿和我一起去。

我们先写信给县督学办公室主任,要求见面。但是一两个月过去了还是石沉大海。于是又写了一封信,说如果你逃避此事,我们就投稿到媒体。当时(1995年左右)互联网还不普及,通信都是以寄信为主,需要一些时间。果然不到两周便收到回复,约我们见面。

到的时候,那个高中校长和工人都在。先由工人控诉我们弄坏反射板,我便说我们从来不知什么是反射板,更别提去用,如何弄坏它们呢?请工友拿出证据。我顺手把一叠百余张照片放到桌上说,这是一个家长从头到尾照的晚会照片,诸位可以看看,没有一张你可以看到反射板,而且我还有更多的照片,因为当晚很多人都在照相。全场鸦雀无声。然后工人接了一句,那有可能在照相中间你用了反射板啊?我虽手头没有,但急中生智地说，我们有人全程录像，你要看吗？

这时工人已下不了台，他把脸上的眼镜摘下用力甩在桌上，他的校长马上厉声斥责。工人站起身便走出会议室，那校长也跟了出去。这时所有人都无话可说，事实已十分明朗。不多时那校长一进门就先道歉，我要求他写一封正式的道歉信，其中必须保证我们的孩子不会再受到歧视性的骚扰。这场闹剧就这么落幕。

十二 硅谷

我在 1995 年升副教授拿到终身教职，来年便有一年的叫作 sabbatical leave（学术休假）的带职研修机会，这是美国学界的一种习俗，每六年可以有一年让老师周游世界并做想做的事，可以说就是重新充电期。这时大学老同学 TC 到华盛顿特区探望妹妹，我们聚会时他说他正准备创业，希望我可以利用这一年帮帮忙。我答应了他。此外，我还与斯坦福大学的一个知名大佬联系，他说他这边很拥挤，通常要提前三四年提出申请，但是他特别欣赏我，会特别给我一个安排。我也跟他说我一半的时间会在一个新公司帮忙。就这么我们举家迁到硅谷一年。

我们在库比蒂诺租了一座两室一厅的平房。这里是苹果公司所在地,而且是黄金地段,尽管房子老旧,浴室还有些许霉,但是一个月的租金比起马里兰州要贵上三倍。那时马里兰州一座典型的房子要价在二三十万美元,到了硅谷就要七八十万美元。听说钻石地段的帕洛阿尔托更要一百万美元起跳。硅谷充满了创意活力和各种机会,薪资虽高但是人人都被其更高的房价压得喘不过气来。这边是创业的天堂,人人都想一试身手,搭上创业的车,来追求硅谷梦。其次便是加入一家能够上市的公司,这样还是可以大发。上市英文的缩写是IPO。刚来时只听人人口中挂满了IPO,我还问人那是什么。这时的苹果公司正处于低谷,因为内斗乔布斯被踢出而元气大伤,还没复原。本来这边大部分商业大楼都是他们的,可是渐渐地,苹果的招牌一个个被取下。没人料到二十年后的苹果将会因iPhone和iPad成为全世界市值最高的公司。

北加州是沙漠气候,夏季干燥,到处都是枯黄的景象,而冬季海风带来的湿气让光秃的山丘变成绿色,整年气候宜人,就像一年只有春天一个季节。这样的天气真让人一醒来就为之一振,且可以整天精神抖擞。因为很少下雨,所以大多数日子都很适合户外活动。学校的校舍也多是开放式的,一开门就是户外,不似东部通常是一座密闭大楼，所有教室都在里头。虽然库比蒂诺是硅谷数一数二的学区，但其学习的课程和深度还是逊于马里兰州的学校。

从库比蒂诺去斯坦福的高速公路要蜿蜒穿过一座山丘，沿途风光秀丽，西班牙式的建筑依傍在山坡上，让该校的校园别具一格，优雅而不失雄伟。我一周有一半时间在这里做我想做的事，听演讲，认识各地来的学者，也交一些新朋友。我通常一早便到，让我惊讶的是这里的老师，除了一位之外，很少一早就到的，且整天很少看到人。大概他们在硅谷有太多的外出机会与事情吧！我最大的收获是没有任何琐碎的事来烦我，可以静心无忧地阅读，重新思考未来的研究方向。每隔一阵子，大概一个月或者半个月，便会飞回马里兰大学与我的学生见面。当时年轻，可以在旧金山搭晚上的飞机，人称红眼班机，飞五六个小时到华盛顿特区，到的时候是大清早。回家洗个澡便去学校工作一整天，然后飞回加州，到时已是半夜。现在年纪大了，已无法像拼命三郎般工作。

TC是我大学时的好友，当兵周末出营门时经常跟他开着他母亲的车，整夜在台北周遭山区海边闲逛，直到日出才回去睡觉，然后晚上才回营。有一次晃到正在施工的关渡大桥桥下，半夜两三点，四下无人，我们就沿桥墩爬到桥顶看风景。还有一次开到深山里，还以为看见鬼了，拔腿就跑。想那年少时的轻狂叛逆就是如此。TC 有广阔的人脉关系和过人的能力，因此他拿到一笔大公司给的巨款，实施一个大型芯片计划，他就用这笔钱作为种子基金招募员工开公司。硅谷到处都是新创企业，可是难得有人像他一样幸运，无须去找创投，因此他是几乎拥有整个公司的大老板。

我到时他已招募到三四位华人英雄好汉来担大任，个个都在美拿高学历，有实际的经验且能力都很强。更重要的是硅谷一夜致富的经典例子多如牛毛，让每个人都有着雄心壮志，跃跃欲试，有着舍我其谁、彼可取而代之的气概。1996 年正是互联网时代开始的时候，新技术的开发和投资火热得很。以这群人的学历和经历，自然而然地拿到很多资助。于是公司成长很快，不多久已有二三十人的团队。

我在这里帮忙指导一个团队做出了世界第一个单一芯片的视频

编码器。那时电话视频的标准 H.263 刚刚完成，大家都在期待通过视频便能够与他人面对面交谈。那个时候索尼的版本需要四个芯片连接起来，而当时当红的通信科技公司 8×8 也要两个芯片，这个单一芯片的设计也成了这个初创公司的主力之一。

这时那几位担大任的朋友，就在这种氛围里开始觉得他们不该只是高级主管，他们值得获得更多的公司股权，类似合伙人。于是他们与 TC 谈判争取，可惜的是他们没有达成共识。没多久我就回到马里兰州复职了，之后听说公司已成长至百余人，只可惜已四分五裂，演变成好几个公司了，而且还有知识产权纠纷，甚至闹上法庭。这让我不免扼腕叹息，因为这个新公司有天时有地利有人才，更不缺钱，很有希望成就大事。可是人不和，让所有的人错失良机。俗话说家和万事兴，这正是一个很恰当的诠释。

这个过程让我具身经历了一个初创公司的成长和其所面临的种种问题与困境。就在一年快满我正要回马里兰州时，一个老朋友来找我商谈一起在马里兰州开办一个新公司的事宜。我心想，这来得正是时候。

十三　试水

我取 Odyssey 作为这个新创公司的名字，中文叫奥德赛，实在期待这将是一个漫长的旅程。这位朋友是马里兰州一个小科技公司的负责人，也是台湾来的，我们常在他家唱卡拉 OK。他也参与赞助了我的美国国家科学基金会年轻学者奖的科研计划。他说他有一个亲戚是台湾知名电脑公司的创办人，想要创投一个有前景的新公司，问我有什么点子。我说我正设计完单一芯片的视频通信，但是普通桌面电脑和笔记本电脑无法做视频通信，因为其速度只有不到 100 兆赫，目前急需软件来做这件事，而且有很多应用。我们同意合伙做这个新公司，用软件来做多媒体通信。他找这位台湾大佬拿出一笔巨款，自己当董事长并负责投资和营销，我担任 CEO（首席执行官），负责运营和技术。

马里兰大学非常鼓励老师们创业，把理论推广到实际，系里有近一半的老师有自己的公司，只是大部分都是跟政府部门拿计划，少有真枪实弹做产品的。

我找了几个以前的博士生做研发，又找了几个做软件的老朋友，开始开发软件产品，目的是在当下运行很慢的电脑上做视频通话，处理数字照片，提升画面连贯性，并开发利用视频探知有没有人入侵空间的安全应用。以现在电脑的运行速度来看，这些事很容易做到，可是在那时，凭不足100兆赫的运行速度，没有我们专业的信息信号处理技术，做快速算法是不可能的。一番波折后，一些台湾专做代工的公司加入进来，与这个产品的硬件一起绑定。这个产品还打进IBM（国际商业机器公司），与有名的Thinkpad T系列绑在一起，IBM每卖出一台Thinkpad T就会付费给我们，看似很好赚，可是需要时间把量冲起来。

这时我们发现我们开发的安全应用软件，如果搭配视频采集板可以同时用4个、8个甚至16个摄像机来做多功能的视频安防监控系统，同时还可以通过视频压缩来储存资料，时长可达两周之久，并且可以经由电话线和互联网连接。当时是 1998 年，只能经由电话线上网，没有宽带。这是一个划时代的想法，因为在那时所有的视频安防监控系统都是模拟系统，没有也没听说过数字视频安防，更遑论上互联网了。并且用卡带储存模拟视频，每隔一个小时就要换卡带。一个类似 7-11 的小超市需用一个小房间来存放卡带！

这个发明是视频安防系统的数字革命，在此之前全都是模拟系统。我们的发明让安防系统首次数字化，两个星期的压缩储存不仅大省人力和空间，更能通过互联网，虽然早期的电话线带宽有限，可是它能让远方的人实时监控家中正在发生的事，这在当时是无法想象的。不久，世界各地，包括日本、中国、英国、欧洲大陆、加拿大、巴西的客户都来跟我们拿货。日本大厂日立甚至派专人常驻公司合作，中国也派遣了一个十余人的团队过来。在美国，几乎各个大型连锁店，像 McDonnell、汉堡王、Avis、CVS，都来拿货。有些县的高中要求数字规格，也都跟我们要，因为只此一家，别无分店。有一次到加拿大的一个金银冶金厂参观，他们安装了我们的视频监控系统，这个系统可以监控他们任何位置过去两周跟现在发生的事。这个企业进出都得严格管控，甚至必须脱衣换鞋称重量，以防贵重金属被挟带。看到我们的革命性数字系统在此被用来做这绝对紧要的事，有种说不出的骄傲。

其实还发生过当时不能讲的故事。巴西在那时治安相当失序，到处都有抢银行的事。于是政府立法要求每个银行都要安装视频安防监控系统，不然的话不能被保险，我们因此卖了不少产品到巴西。有一次，买我们产品的银行正在做测试，果真就被抢了，但是他们忘记把安保系统开启，所以没有记录，案子搞大了他们没法交代。我们正纳闷为什么他们会这么糊涂，就收到他们的紧急电话，他们竟然说他们会找一个假枪手再抢一次，这回会开启并录到，希望我们能帮他们修改影像的时间戳，回到上回真的被抢的时间，这样他们就可以交代了，并且我们也有生意做。我们马上回绝，万一东窗事发，不仅公司要关门，还会有牢狱之灾呢。

日立的经理朋友和我一起合作了两年，他们对于细节了解得细到不能再细了，且派了一个人全程在我们这边合作。记得有一次造访日立，这位经理请我参加他给日立执行副总裁的报告会，并且请我"顺便"上台讲为什么只有我们做得到而别人不能。我边讲这个执行副总裁边问了一大堆问题，有很多错误的观念，还上台与我争论，最后他心服口服。然后他转头问经理，这个计划的日程是什么？当经理说还要一年才能完成，他马上打断说，太久了，我要半年之内完成。原来日立打算成立一个新的业务机构来做这个计划。会后这个经理朋友终于说实话了，他们都怕这个执行副总裁，他不仅什么都问，还会骂人，从来没有人敢说他错，只有你敢，我们就是等你来才开这个会的。俗话说不打不相识，教授本来就是靠争论吃饭，算他开了眼界！

当天晚上这位执行副总裁请我和他单独晚宴，我们到一个很特别的地方，招牌不大，像一个小茅庐。日本的正式晚宴有八道菜，当天的菜单是用毛笔一笔一画写下来的。服务员拿来两只大活虾给我们看，当场剥掉壳，只剩头、身和尾巴，然后放进我桌上的酱油碟中，它还在不停地抖动。副总裁拿起虾的两头，两三口就吃完了，说，这个真好吃，你不敢吃吗？我装作继续讲话，直到确信虾不再动才吃下。不久又拿来一条活鱼给我们看，然后很快端上这整条鱼的刺身，而这条鱼的嘴巴还在一张一合地动着呢！

很快公司就开始赚钱，但是第一轮的资金已快用完，我也开始新一轮的融资。手上有了新钱，两年也到了，我也该回校恢复全职了，我要求找一个新的总裁。其实我们的投资大佬夫妻俩待我很好，像是自己人，也因为都是台大的老前辈。他们跟我说，我们投资了二十几家公司，没有人比你更有能力做CEO，希望我能离开学校全心投入工业界，还说士大夫的观念不要这么深，赚钱有什么不好。我解释说科研教育是我的初衷，当初就已讲好，我是不会离开这个事业的。

因此他们找到一个自称是一家硅谷知名上市电脑辅助设计公司的一号员工。他跟投资大佬是硅谷旧识，愿意担任总裁且答应常飞来华盛顿特区。他的任务很清楚，拿刚筹到的钱来扩大营销业务，推动公司迅速发展。我也安排了这轮融资中新加入的大股东，准备了一大笔钱做下一轮资金的引领钱。东风已具备，我就退下CEO，只担任名义上的首席技术官和董事会董事。这位新任CEO一来便漫无目的，没有任何计划来扩大运营。他两周来一次，都是走马观花般随便走一趟，好似没什么兴趣深入了解公司的技术、产品和营销。团队也渐渐对他失去信心。我也带他到日本日立总部去介绍我的继任人选，日立的朋友见了他后语重心长地跟我私下说，对我们来说，Ray-san（瑞桑，指作者）等于 Odyssey。直到后来我才明白，日本人做生意最重视人能不能信任，这比技术更重要。也许他们已预见未来。我也很不满意，但是没人听我的话，我便辞去所有职务。

一年半后，也就是 2001 年 5 月，那个新进大股东已是董事长，因为其他人也都没积极性了。一天他忽然跑到我学校的办公室来找我说，我是来跟你道歉的，你过去说的话全是对的，而且都应验了。我们已经解雇那位 CEO，你能不能回来帮忙。我说你的道歉我接受，但是时机已过，已经过了两年了，很多人都已经赶上你们，我还能帮什么呢？

四个月后，即"9·11"恐袭事件后，整个美国乃至全世界都在大量采购数字视频安防监控系统，一个伟大而伸手可得的梦想与计划就这么白白逝去。现在这个领域的全球市值已超过 500 亿美元，全源自当初我们的开创。二三十年后，我们那时设计的系统 Remote Eyes（中文名为千里眼），现在还继续在市面上出售，只是那领头羊的风骚与前景已经不再。

十四 爱好

波托马克河横贯马里兰州与弗吉尼亚州的边界，华盛顿特区就依傍在旁，潺潺流水为其带来了优美和生命力。这条河也是美国南北战争时期南方与北方的分水岭。而华盛顿特区郊区傍河的波托马克镇正是这附近政商学界名流聚居的地方，它就像是一个美丽的大公园，还有好多个世界级的高尔夫球俱乐部。这里有华盛顿特区附近最好的学区，且出入华盛顿特区或是去弗吉尼亚州都一样方便。到处都是别墅式的大房子，经常也可看到有各国的国旗飘扬在院子里，大抵是各国大使们的住所。

这时（1998年）孩子们有的要上初中，有的要进小学，我们决定搬离原来的地方。看了不少地方，最后在波托马克镇看上了一个庄园式的大房。它外头砌白砖，有四根古罗马式的白柱，像是小白宫。院子有两亩地大，前方是个小丘陵，车道两旁种树，蜿蜒而上。坐北朝南，冬天阳光充裕，且有一条小溪从左边东方小山向西流，蜿蜒流过了前方的溪床，往西扬长而去。从高处望下看，四季各有各的景色，美不胜收。记得曾有一位自称是风水专家的朋友说这是块宝地呢！

我们从没想过要买大房子，而且它的要价也超出我们的预算，但是这座房子实在大方漂亮，其他房子也没看上的，我们决定一试。屋主是一对印度锡克族老夫妇，都是临近退休的老医生，孩子们都已离家上大学去了，他们的医院在很远的地方，不想堵车通勤了。况且老先生是心脏专科，随时有突发状况都要赶去医院。他们也欣赏我在马里兰大学当教授。当我们跟他们说我们出不起他们的要价，只能够用少很多的价格购买，他们很爽快地答应了。这个价钱在硅谷是平常价码，只能买到一般的房子，但是还是略微超出了我承受的限度。所以买了之后我们决定勒紧裤腰带几年。这让我想起在台北买小套房的往事，其实买房卖房是缘分，一个愿买一个愿卖就得了，价钱还在其次。有朋友的小孩说我们是有钱人家，我笑说，不是有钱人家，只是大户人家！

一搬过来对面的邻居就很热心地办一个接风晚宴，找来了这附近的邻居。来的邻居朋友不是医生、律师，便是公司总裁。当我跟他们说我是大学教授，他们互相看了看打趣说，我们这边不知道大学教授是什么。这个对面邻居先生是阿拉伯人，是中东一个公司的主管，常年派驻在美国。每年他的公司都会给他一部新车，所以他家门口有很多台宝马。有一次车子坏了跟他们临时借车，竟借我们一台保时捷！他太太是美国人，自称有一些印第安人血统。他们有个男孩正在就读波托马克镇小学的中文班，全天用中文教学，他下课后经常在附近游荡，有时就会过来唠上几句中文，甚至问一些功课。

这里的缺点是房子太大，房与房距离远，所以大家很少串门。附近也没有几个小孩，所以孩子们的朋友大都在镇上比较大众化的区域。因此万圣节时这里就特别凄凉，几乎没有小鬼上门讨糖吃，当然也就得带着我们家小鬼找他们朋友一起出去讨糖吃。这边因为学区好，所以有很多亚裔，尤其是华人、印度人，也有不少犹太裔，孩子功课多，家长也特别关心孩子的教育。

不过孩子们倒是很美国化，除了做该做的功课，其他时间不是参加朋友间的派对就是参加各种课外活动。在美国的父母，下课后与周末都是当司机的时间，尤其是待在家的母亲简直就是职业司机，载东载西地学琴、游泳、打球，各种活动。通常家家都有休旅车来载运孩子们各处活动，所以休旅车也被称为妈妈车。

由于各种族裔都有，孩子们难免会惹上麻烦。我跟他们说千万不要和人打架，绝对要避免。如果你非打架不可，那就不要打输，不要哭着来找我。有一天，校长来电要我们马上去他的办公室，因为我的小孩在校车上跟别人打架了。到了学校我第一个问题就是你打输了吗？没有！好，那我来处理剩下的事。

并不是每个邻居都是好邻居。有一阵子，我奇怪怎么信箱旁的草地上经常有狗的大便。这里的人遛狗的时候会拿塑料袋来装狗屎，回家之后放到垃圾桶里，没有人会放任狗到别人家信箱旁大便。有一天正要上班，正巧看到一位不似住在这附近的中年妇人的狗在我的信箱旁大便。我不高兴地说，你怎么让你的狗在我的草地上大便又不捡走呢？不料这人竟大声咆哮，说这里是美国,我可以随便在哪里让我的狗大便!大概她看到我这东方人的面孔应该是个移民。我便以坚定的语气回她说,正因为这里是美国,所以我们才不能让我们的狗到别人的宅院去大便。她自知理亏,悻悻然牵着狗离开。后来才知道原来她住在另一区,以为这边没有人认识,可以捡便宜放任她的狗大小便而不用处理。

边上的波托马克河有大瀑布国家公园和一条沿河而筑、长几百公里但已废弃的人工运河。当初美国开国总统华盛顿倡议沿着波托马克河筑一条人工运河到中西部,把那边的矿产资源运到华盛顿特区。可是这耗时费事的工事还没做到一半,火车已经逐渐取代驴马拉拖的运河船舶,于是在没有商业价值之下被半途废弃,留下一条运河遗迹和一旁驴马走的步道。这条步道非常平整,风景优美,是当地居民平时娱乐运动的好去处。我经常在这儿休闲散步或慢跑骑车,也曾经在夏天的河中学激流皮划艇,冬天进室内游泳池学皮划艇翻转技巧。我也学独木舟和海上皮划艇,这跟激流皮划艇不同,学的是如何远距离划行。

我在后院辟了一个小菜圃,种上各种瓜类和青菜,应有尽有。这边的气候 5 月底之后才不会结霜,方可外种。从晚春到夏天到 10 月的中秋时分,我的小菜圃的出产多到吃不完,还得送人帮忙消化。我还在后院挖了一个小池塘,围做了一个小花园。几乎每一棵树和鲜花都是我买回来亲手种植的。我最喜爱日本枫树了,它的枝叶极其优雅,很多人在秋天从世界各地来到日本,就是为了一睹它的红叶、黄叶和紫叶的风采。其实很少人知道,它春天五颜六色的叶子更令人倾倒,比花朵还美。我曾经择种了四十几个品种的日本枫树,有上百棵树苗在我的院子内,长到一定程度便送给朋友,甚至有几个朋友也对日本枫树情有独钟。我也深入研究过日本枫树,其中还有一个小插曲。有一次路过西雅图,它的植物园是美国收集日本枫树最多的地方,于是特地去看看里面著名的日本枫树园。那时是春天,正是春苗多彩多姿的时候。走着走着到了一棵看似蔷薇的树跟前,我已熟览日本枫树百科全书,知道这个品种,因为书上的照片跟它几乎一模一样。看得入神之际才留意到写在下边的拉丁学名,肯定写错了。回家之后验证了百科全书便写信给植物园园长,不多久便收到回复,谢谢我的指正,他们会尽快更改。

孩子们渐渐长大,内人决定修习教师检定课程,以便去高中当老师。于是我开始学煮饭做菜，负责每天的饮食。一开始什么都不会，只能参考食谱。渐渐地开始有了一些心得，爱上烹饪各国风味的美味料理。烹饪和研究没有什么两样，基本上是一个创作过程。世界各个地方用本地出产的新鲜食材和香料创造出独特的地方风味美食，这些平民美食都是各地世世代代爸爸妈妈们为了养活一家大小通过无数沿革传承下来的美味。各个民族的饮食也因为当地特有的香料而各有独特的风味。我喜欢吃，尤其喜欢尝试各地特有的风味。我也开始收集各国食谱和各地香料，有上百本食谱，经常在下班后或周末假日尝试烹调各地美味。其实这也是我用来自我解压的一种方式，可以忘却一天的辛劳和烦恼，专心于另类的创作，同时也让我探索的好奇心得到磨炼，来维持一颗敏锐的心。每次外出开会周游列国吃到令人惊艳的东西，回家之后我便会把它们重现出来。我发现很多食材都是原产于美洲，像番茄、辣椒、马铃薯。我实在很好奇没有辣椒时印度人怎么吃咖喱，四川人如何吃火锅，没有番茄的滋味，意大利人怎么吃比萨饼和意大利面。发现新大陆前，法国人如何吃薯条呢？

这里形形色色的侨社很多，有意思的是台湾来的，大陆来的，东南亚来的，各有各的社团，壁垒分明，包括中文学校也是。其实大家平常也不分彼此，都是朋友，可是一涉及社团，大概都有驻外机构的赞助，因此比较敏感。一到过年过节就有很多活动节目和聚会吃饭。更有意思的是，今天这个校友会，明天那个同乡会，后天换个协会，虽说名目不同，但大抵都是同一批人，只是庄家不同罢了。我们曾经参加一些同乡会和几个合唱团，也有过很快乐的时光。可是华人圈子毕竟还是复杂，有时还会有争议性的事情，稳定的圈子不是很常见，经常一阵子之后就散了。其实美国人也有一说：每个人的人生就像是一条线，我们有相互跨过一起的时候，也会有分开的时候。所以有朋友换工作走的时候，如果处得还可以，通常会说希望以后我们还会有跨过的机会，也就是中文的有缘再见了。

有一年5月的一天，我像往常一样一早便出去捡报纸，没有看到报纸，可是报社却说他们有送，这就奇怪啦！我就在院子里走，在前院的中间果然看到报纸在草地上。这就更奇怪啦！我院子有两亩地大，房子坐落在中间的小山丘上，报童是无法把报纸丢到这边的，除非走上来，但这并不可能。隔天和未来几天，都是如此，报纸越来越靠近房子。这不仅仅奇怪，还开始让人害怕了。报童通常在天亮之前一家一家地把报纸丢在信箱旁的草地上，是不是一大清早有人在这附近搞恶作剧呢？我们特别去注意的时候反而正常了，报纸没再往里丢，难道"他"知道了？

隔了一阵子，报纸又不见了，这回跑到后院去了。儿子还绘声绘色地说，有一天大清早他看到一个人影在窗前往内窥视。这太可怕了，我便去后院仔细寻找，在报纸附近看到几个白色的硬塑料结，像是警察用手铐铐坏人的那种。这已让人忍无可忍，我马上打电话找来警察。他们四处察看，发现我们和邻居后院边的草地上散布着一些报纸。原来不只是我们，我们的邻居也为其所扰。警察说那白色的硬塑料可能是用来包装草种的袋子，可是他们也不知道这是怎么一回事，只能说我们得提高警惕，他们也会经常到这附近走走。隔天，那份报纸就落在警察前一天站的地方附近，莫非这里有一个神经病，半夜和大清早在这附近游荡并且就在我们周围监视着我们？左邻右舍都顿觉毛骨悚然，我们在猜搞恶作剧的是人、是鹿还是兔子，可是没有答案。

再隔几天，不仅我们自己订的报纸不见了，而且还有《华尔街日报》在我们的草地上。那上面还有住址，是邮寄给我们这边半里之外的邻居的。我拿报纸去还，证实他们也有同样的问题。就这样我们这个社区的人都在互相观望，以防不测。后来我们出城去了，还拜托邻居小孩每天来院子看看，我们每天问他都说没事，一回来，草地上到处散布着报纸，心想这越来越嚣张了，竟然把我的院子当成是"他"的。于是决定在天还未亮的时候全家都起床，拿望远镜和各种棍棒准备擒贼。果然，天还未亮，送报员便开始一家一家地投报。只见从后院边上跑出来两只小动物，因为光线较暗，一时看不清楚。渐渐地走近并穿过房子边上往前院跑去。这回终于看清楚了，原来是两只小狐狸，一只走到报纸旁叼着便往回走，另一只跟在旁边很兴奋的样子。它们回到后院边上的一棵树旁扔下报纸，我马上拿着手电筒冲出去，到了树下，果真是今天的报纸。终于知道凶手是谁了。原来这是春天求偶期，可能雌性狐狸特别喜欢新鲜报纸的气味，雄性狐狸便每天在这个社区到处叼走新鲜的报纸来取悦对方。真是虚惊一场！我和邻居把院子周围狐狸可能筑巢的地方清理干净之后，这个闹剧就结束了。

这边什么动物都有，不仅有鹿、兔子、乌龟、狐狸、土拨鼠、松鼠，还有野生火鸡和熊！我最痛恨土拨鼠了。它们很聪明，会用尽各种办法挖洞或是爬进菜圃，而且胃口很大，经常吃得精光。他们还有洁癖，咬痕干干净净、一丝不苟，一看就知道是谁干的。而且防不胜防，只能用笼子和陷阱捕捉。这并不容易，因为它们很谨慎，会观察好一阵子，通常几天，放心之后才下手。我搜索了一下，它们最喜欢吃的是香瓜和生菜，用以为饵，每次都好不容易才抓到。老美说人人痛恨土拨鼠，所以法律规定不能把它们放生在其他地方祸害他人，他们都用枪一了百了。我没有枪，就把笼子放进水池，然后放在院子后，狐狸晚上可以当大餐吃。其实这个时候我真的很欢迎狐狸住在附近，只要有狐狸在就不会有土拨鼠之灾。我跟一个越南朋友说到这件事，他竟说土拨鼠非常好吃，是越南人很喜欢的食物呢！

我们还有几只松鼠朋友，其中一只特别聪明，常到窗前找人要各种豆子吃。不理它便会在窗前树上耍把戏，直到我们给它东西吃。我们看到它，敲一下窗，它听到会往我们这边看，一看到便马上跑过来，其他没有一只如此。我们还给它取了一个"阿松"的名字，后来豆子吃完了每次补货都是为了阿松，不是为我们自己。阿松就像是我们养在野外的宠物，每天都会来找我们，我们彼此认识。但不是每只松鼠都是如此，大部分都后知后觉，只有阿松可以和我们交朋友，也就是说只有阿松和我们有缘。动物和人一样，也是有灵性的，和我们一起共生共存于这个地球上。人类的自私即将为地球带来气候变迁灾难，如果我们不及时醒悟，将会面对无可挽回的结果。

十五 学问

2000 年，我终于媳妇熬成婆，没有悬念地升等成为正教授。这时正是美国互联网泡沫化的时候，经济很不好，已经连续几年没有加薪。通常升等都会有特别的加薪，系主任跟我说今年没人加薪，但是每个系可以推荐一人加薪，你是今年系里评比的第一名，所以你有 5000 美元的加薪。那还真是个笑话，因为通常升等正教授都会有一个很大幅度的调薪。其实我也没什么好抱怨的，过去十年来我每年的调薪都在 10%~15% 之间，且好几次都有顶级的 15%，所以我的薪资也已高过很多比我资深的正教授。这正是美国资本主义作风的体现，包括在学界之内，每个人都有他的市场价值。为了留住你，他们愿意按照你相应的市场价值付给你薪水。有些人为了加更多的薪，真会拿着其他学校的聘书来要求学校跟进。

其实在1990年代末互联网的高峰时期已有很多人离开学界，因为那时的学界薪资比工业界低许多。我也有很深刻的体会。我有一个博士生于1999年毕业加入贝尔实验室，那时贝尔实验室给的起薪跟我在学校正教授的工资差不多。所以在互联网时代美国学界对教授的薪资做了很大的调整，不会比工业界多，但也不会少那么多。这样就可以让学界在招人时可以跟工业界竞争了。

2000年初正是无线通信起飞的时候，高通的CDMA（码分多址技术）正是这个时期最热门的话题，因为这是3G无线通信的新国际标准。我有一个伊朗来的博士生，他在1997年毕业的时候同时拿到了高通和贝尔实验室的聘书，他选择去贝尔实验室，因为那时高通仍旧是个小公司，他后来跟我说他当初的那个决定让他在那时马上损失了200万美元。这正是未来二三十年无线通信时代的开始，因为3G正是第二代数字无线通信，未来的4G、5G、6G都将从这儿演进下去。过去几年我已预知这个未来的发展趋势，也已有重大的贡献。我的博士论文主攻用 VLSI 来运算天线阵列的算法，这时系里聘了一个做无线网络的老师。我们联手研究用天线阵列优化传输功率，并将之首次引入无线通信，我们证明这可以增加百倍的用户。这个工作在当初是个重大里程碑式的创举，对以后无线通信惯用天线阵列的使用产生了深远影响。

学界研究的竞争非常激烈，所以千奇百怪的事情就层出不穷。在 1994 年我们提出一个全新的理论，如果电子芯片可以在不同的区域有不同的电压来执行算法，通过我们的理论可以大幅度减少能量消耗。我跑去美国国防部高级研究计划局（DARPA）报告这个新的发现，并要求资助来实际验证这个理论。DARPA 的反应是这个理论很好，只是电子芯片无法适应不同的电压，所以不考虑资助。一年之后，伯克利的团队做出实际的芯片，其中有不同的电压来验证一个简单的电路，他们显然不知道也没有引用我们的论文。我们的理论可用在算法而不只是在电路层面，虽然我们最先提出这个见解，但是因为我们只是理论，所以以后的论文引用大多只引用伯克利的论文，他们的资助者是谁？正是 DARPA，那个说不可能的单位。

还有几次，我们的研究成果和其他团队几乎同时做出，也几乎同时投稿。我们以君子之度公平地对待对方，我们评对方的论文并且接受发表，然而对方也在评我们的论文但拒绝接受，虽然我们的论文最后在另一个期刊发表，但是晚了一些时候，人家就不知道我们其实不仅也是最早发现的团队之一，而且结果更好。这样论文的引用率自然就会大输。这种恶性竞争不在少数，所以做研究如果有几乎同时做出的，鹿死谁手都还不知道呢。要领先群雄必须比别人更早做出成果。非洲有一个谚语：每天早上羚羊睡醒时，它知道它必须跑得比最快的狮子还快才能存活；每天早上狮子醒来时，它知道它必须跑得比最慢的羚羊更快才不会饿肚子；不管你是羚羊还是狮子，每天早上醒来，你知道你最好赶快跑起来。这正是世界科研竞争的最佳描述。

这时我正是系里的后起之秀，很多重大的事情都找我负责，包括招新老师和组织约二十个老师重新整理信号处理及通信，并开设新课程来现代化教学课程的设计。我所属的系统研究所正在招聘所长，这是一个独立的研究所，由国家科学基金会（以下简称国科会）支持的大型跨领域研究中心成立，有很多的经费从国科会和工业界来，有五十多位老师。全美那时只有五个这种由国科会成立的研究所，分别有不同的研究方向。创始所长和大佬都私下找我好几次，希望我能承担这个任务。我也在想是不是要走上学术管理的路，当时的院长正是当年我刚进马里兰大学时的前辈，曾经一起共事。他当了系主任几年之后又担任了院长。我问他为什么不回来做研究，他说这几年技术进步太快，他已经跟不上了，回来之后肯定不会做得比我们好。他后来又当了教务长，竞选校长失利后便去其他大学当校长去了。

这时刚当一年代理所长的同事来找我，大概他听到大佬们来找我的流言。他是跟院长同时的前辈，我的办公室曾经就在他的隔壁，经常闲聊，后来我升等之后，给了我一间大的办公室才搬离。他说他想干这个所长，希望我能支持他。其实他是个好人，但能力一般，这正是大佬们的担忧。因为他是好朋友，我便跟他说如果你要选所长，我就不会跟你竞争。其实这时陆陆续续已有一二十个学校来找过我，从东岸到西岸都有。有系主任或院长职位，但我决心已定，不走学术管理的路。这跟美国的学术文化大环境有关。

美国大学以学术研究为主，为了让教授能讲真话，经过试炼后会给予终身教职。这是好事也是很荣耀的事，因为只有大学教授和联邦大法官才有这种终身待遇，目的就是要这些人说实话，而不会受到外在因素的影响。但是有终身教职的大教授可就不好管了。再者系所通常没有足够的资源来做很多事，没钱，又没人事权，凡事都得跟院长伸手，学生的事又繁杂得不得了。在这个大环境下很少有学术研究做得很好的愿意来蹚浑水。我一直有很大的团队在做前沿开拓的研究，怕一旦做了管理会像院长走不了回头路了。研究是我的初衷也是志向，如果要做管理早就去工业界赚大钱去了。

我很荣幸的是有很多优秀学生从世界各地来加入我的团队，而且他们都已经小有成就，这是我学术生涯中最骄傲的事。他们都是世界各国顶尖大学的顶尖学子，一起来参与我的研究工作，从我年轻的时期他们就像是小弟小妹，我的团队就像是一个大家庭。在我刚开始教书的时候，也就是 1980 年代至 1990 年代初，我教的大多是中国台湾和印度的学生，最出名的学校是台大（NTU）和印度理工学院，那是很多校友长期打下的知名度。可惜二三十年后，台湾出来的学生少了，这个 NTU 也已被新加坡南洋理工大学的 NTU 所取代。90 年代中期至 2000 年代伊朗学生渐渐增多，最好的来自谢里夫理工大学和德黑兰大学。这时大陆来的学生刚开始多起来，尤其是在 2000 年代初，以清华、北大、中科大、复旦、上海交大、西安交大为代表，清华来的尤其多，后来其他的学校也多了起来。2000 年代中期后，我的团队来了不少埃及学生，主要从开罗大学和亚历山大大学而来。曾经有亚历山大大学连续四届的第一名到我这边来。而到 2010 年之后从大陆来的学生则占据多数，在 2020 年前后，因为地缘政治的关系，大陆来的学生就骤减了。

在我三十余年的学术生涯里，我训练毕业了七十名博士生和六位博士后，其中有三十位在世界各地当教授，已有两百多名博士后人。十年树木，百年树人。韩愈说，"师者，所以传道受业解惑也"。其中以传道最难，因为那是做人做事的方法，不仅仅学生，老师也得用一生去琢磨。其实在传道之上，我还以为老师要能创造出一个传统和环境来激励学生一辈子去成就大志，英文里有一个单词"inspire"就很具象地描述了这个"激发"的意思，一个老师有多好就看他有多少学生辈，他们有多杰出和有多少成就。我常跟他们说，学术之途是一条又漫长又孤寂的路，你不知道什么时候你能做出什么来，你也不知道哪一个研究方向一定可以走得通,并且比别人的好。简单地说,你不知道你会不会有重大发现进而功成名就,或者就这么庸庸碌碌地过一生。必须尝试各个可能性,所以失败是常事。甚至成果做出来了,论文还有可能被不懂的审稿人拒绝。很多学生都在我的办公室里哭过。我常说胜败乃兵家常事,这条漫长又孤寂的路必须坚持才能走下去,走到尽头才能看见一片天空,没有韧性是不行的。

其实学术和艺术走到底都是相通的,那是理念的追求,不同的只是那抽象的概念是在逻辑上、形意上、美术上、音乐上,或是舞蹈上以不同的形态和语言表达出来。而且那是个无形共通的情感和世界语言,走到最后为了完美会不惜一切代价。欧美的博士学位,无论何种科系都叫作 Doctor of Philosophy,简称 Ph.D.,都是哲学博士。我们为什么选择走上学术之途?因为我们热爱并且愿意付出一生来追求真理,所以我们必须有一个崇高的理想,不然的话这条路走不远,更走不到尽头。学术成就很难量化,因为最根本的指标是有多大的影响力,而影响力本身却是一个很抽象的概念。当然论文被引用次数是一个指标,那有没有颠覆性的新发现和发明来打翻以前的思维而创造出新的基础理论？有没有用在实际的产品中造福上百万的人？有没有拿到各种大小奖项？但并不是最好的论文就一定会有最多的被引用次数，也不是人人都能因为重大发现拿到大奖。所以走学术的路，如果把尘世的功名利禄放在心上去追求，这条路不会走得快活。因此不要在意别人对你的看法，今天人家说你好，明天可能就会贬抑你，那是虚浮的。只有踏踏实实做出的研究成果和贡献才是真实的，没有任何人可以拿得掉。

话说我自豪地提及我的博士后裔，其实还有遗珠之憾，有学生没能拿到博士学位，但却是个传奇故事。有一天一个冰岛学生叫JT的，从冰岛来见我，说想加入我的团队读博士，我从来没教过冰岛学生，看他上进有志气是个可造之才，我就答应了。冰岛不是富庶的地方，所以也给了他奖学金。两年过去了，JT成绩还好，可是过不了博士资格考试，打算拿了硕士学位去找事做。跟其他学生比起来JT可能不是做学问的料，可是他很有正向的领袖人格魅力和亲和力，组织能力很强，是个做领导的人物。我跟他说，不要气馁，学术可能不是你的长处，你很合适去工业界当领袖人物，我建议你先去拿一个MBA，加上你在我这里深造的通信背景，这样你就有当上领导的资格了。可是读MBA很贵，几乎没有什么奖学金，他也没钱自费。刚好我所在的研究所是多元的，有几位商学院来的教授，我就积极帮 JT 推荐，终于帮他拿到 MBA 的入学许可和奖学金。JT 后来拿到了 MBA 学位，加入德国银行的纽约总行，一路爬升当上了负责总管电资通信媒体的常务部长。2020 年德国电信的子公司 T-Mobile 收购美国通信公司 Sprint 的合并案为美国史上最大的电信产业并购案，相当于 380 亿美元的交易，JT 正是此历史性并购的负责人。事成之后 T-Mobile 对 JT 相当欣赏，请他担任 T-Mobile 董事会的财务长。行行出状元！在他加入 T-Mobile 前他跟我联络，正好苹果公司打算收购我的公司，我问他能不能帮忙，我们可以付他一些咨询费用。他说他很乐意帮忙，但是他决不收费，因为他之所以有今天完全是因当初我对他的帮助。看到学生的成就是当老师的最大的荣耀！

因为组里有着各种族裔的学生，每个学期我都会带他们去各个国家、地方、族群的餐厅吃各种不同风味的料理，主要目的是让大家明白每一个文化在不同的环境、用不同的食材，都可以发展出独特的风味。这跟做学问是同一回事。我们必须有高远的眼界、宽广的胸襟，才能有大格局与大气度来做出开创性的伟大发明。记得有一次带团队在日本餐馆吃寿司，一个埃及学生用叉子吃寿司，我就跟他说，你如果不会用筷子吃寿司，你就毕不了业！我也鼓励大家放假时到处走走，看看这个世界有多大，来开阔自己的眼界。毕竟读万卷书不如行万里路，因为这样才能看到真实的世界。现在的世界已经扁平化，一个按键一个手机就可以浏览世界各种典籍、资讯或者和各国朋友交流，年轻人不能只把自己圈在生活的周遭，必须走出小圈子，要有世界观，还要培养领袖的人格魅力，才能在现今的世界里打下一片江山。

当我的学生来到我的研究团队，我经常跟他们说，人生就是做学问，你来我这里就是学做学问，学怎么问。你学会了就可以毕业了，因为那是最难的事。华人的祖先说一个人有着丰富的知识就是学问好。好学问是称赞人有好的知识。所以知识就是学问。这是我们祖先极高的智慧。为什么呢？知识是通过学怎么问而问出来的。学是动词，学着去问。问对的问题，问好的问题，问人没想过的问题就能创造新知，所以学问就是知识。在中国历史上，知识最辉煌的时代就是诸子百家争鸣的时候，著名的有儒家、墨家、法家、道家等。知识分子可以问不能问的问题，问没人想过的问题，从而自立门户，开创流派。中国历史上几乎所有重大思想皆源于此时。

以前在台湾读书的时候，儒家思想就是越老的东西越好，并且，圣人和盛世只出现在尧舜禹汤的时代，我们现代人只是罪人，凡事必须跟古人学习。而且不只是文化，甚至音乐经常放的也是七八十年代甚至六十年代的歌。来美之后发现，西方文化有着地道的学问精神，是一直往前跑的，任何思想或技术都是一直在问如何改进、怎么创新才能更好，流行音乐也是不断推陈出新，不仅有新曲还有新的音乐类型，很少听到老歌。这种持续向前跑的能量便是西方文化一直保持创新的原始动力，所有的事一直在学和问中向前演进。西方有一句名言："Change is the only constant."也就是说改变才是唯一的常数，正点破了西方文化持续追求改变的特质。

这个全面的演进是非常重要的，当某个技术进展到一个地步时便会遇到瓶颈，需要其他相关部分的技术有新的突破，然后才能刺激有更新的进步。所以科技的创新通常是螺旋式地往上爬升，一个新的突破拉动另一个突破，当其他技术都有所突破时，又回来助长那原先的突破，再次有更新的突破。也就是说社会上每一个环节都要有继续往前演化的动力，这必须要有相应的文化背景来支撑。如果这个文化背景是守旧的，以传统为上，那任何一个新的突破都带动不了下一个突破，很快又卡住了。

欧美科技的文化就是用科技的演进来加快人类的演进。如果人类要依赖生物式的演进而能飞得像鸟，能跑得像马，能游得像鱼，能用自身的抵抗力来战胜任何疾病，那就是再演进数百万年也没用。于是人类发明了飞机来飞，汽车火车来跑，大船来渡洋，和各种医学生物技术来抵抗疾病，这事实上是用快速的科技演进来取代极慢的生物演进。整个西方社会前进的动力，就是这样持续不断地以科学技术向前演进，其实说穿了就是以另一种形式来促进人类的演进。

为什么人类做得到呢？因为我们有一个动物界里最大的大脑，这个大脑消耗的能量是我们身体其他器官的十倍多，就像人工智能需要海量的计算并消耗大量能量一样。我们的大脑擅长很多事，像创造力，也就是无中生有的能力，和七情六欲，还有人特有的同理心、同情心、领导力和用语言协同合作的能力。可是这个大脑的计算能力和储存能力极差，和电脑有着天壤之别。所以人类发明电脑来弥补人类大脑的不足，进而发展出目前火热的人工智能。

对我来说，人工智能只是一个新的工具，一个近乎颠覆性的新工具。这个工具带来新的契机，当然也带来新的问题，比如说它可以取代一些人的工作。但是人类是可以学习的，被机器取代的人可以再接受训练，做其他类别的工作，创造出更多只有人能够创造出的价值。比如，建筑师可以成为空间治疗师，专注于空间与人之间的关系和感觉，而让人工智能取代传统的技术设计。这种提高服务品质、改善顾客消费体验的事，需要人和人之间的互动和交流，有着情感内涵，而且由于人人都有独特的风格与品位，这件事就不是人工智能能够做到的。所以人类必须把自己发展的人工智能当成我们的新工具和新帮手，不必害怕。人工智能没有人的特质，也永远不会凌驾于人类之上，它只是人类用来演进并补足我们大脑计算和储存能力的发明。

说起演化，这是所有生物繁衍生存最基本的法则，人类也不例外。当我们看到现今这个世界充满了竞争，以人道主义观点来看虽然残酷，但这却是历史上不断重复的演化必经的过程。怎么说呢？先来看演化是什么。它有两个循环替代的阶段。一个是 randomness（也就是随机发生），在好日子的时候，百家争鸣，百花齐放，各种基因争相发展，都想成为主流。有一天，另一个阶段 selection（也就是选择）开始发生，通常是大自然灾害，像风灾、旱灾、水灾等等，或是人为的斗争战乱。在这个阶段，只有适者强者得以生存，可以把基因传播下去。如此因果循环，优胜劣汰，适应的物种得以生存繁衍。

但是无论怎么演化，我们只有一个地球且必须生存于这个大自然之中。人类的演化正在破坏大自然的平衡，将有可能造成不可挽回的气候变迁，给人类带来灭顶之灾，我只希望那不会是人类的宿命。人类不应以万物之灵自居，所有的生物都有灵性。我们不是宇宙主宰，我们只是宇宙中的一粒微尘！

十六　信息革命

我自进入大学到现在 40 余年，始终扮演着信息行业尖兵的角色，其间我见证了信息领域和产业的演进与革命性的变化。这当中的努力，挣扎，失败，突破与胜利，缕缕地诉说着全球一群信息科研人员，为了理想和更美好的世界所做出的贡献。

在 1980 年代，半导体的发展已经从实现晶体管电子组件和电路，演变成可以做到超大规模集成电路（VLSI），把系统也做到芯片上了。那时个人电脑的革命才刚刚开始。微软的 Windows 和英特尔的 CPU(中央处理器) 正开始占领这个市场，刚成立的苹果公司也推出麦金塔电脑来加速这场革命，在之后的二三十年里，涌现了三个全球最大的跨国企业。可是那时 CPU 的速度实在太慢了，所以那个时代科研的主要课题是将快速算法和发展并行处理来做到 VLSI 的芯片上。这时正是我在读博士的阶段。

那个时候，还有一个重要的课题重新得到了不少关注，那就是神经网络。为什么说是重新呢？因为早在 1960 年代、1970 年代，神经网络曾经是热门科研题目，与专家系统在人工智能领域竞争，但败下阵来，一位人工智能大师公开宣布神经网络死亡，专家系统便成为自那时起之后几十年的人工智能主流。神经网络主要的败因是初期它能实现的逻辑有限，无法处理较为复杂的算法。1980 年代初，神经网络研究又有了重大突破，能够以电路实现 XOR（异域运算）逻辑，并且霍普菲尔德提出的霍普菲尔德网络和之前提出的反向传播算法（backpropagation-algorithm），给神经网络注入新的能量，能够处理三层神经网络的学习，解决了早先无法处理的问题。这时的神经网络已能与以专家系统为主流的人工智能匹配，在一些应用场景有一定优势。但是只是三层的神经网络技术还是无法突破多层网络的瓶颈，更遑论深层了。所以其功能虽然算得上差强人意，但还无法取代其他成熟的算法。

其他成熟的算法有哪些呢？最主要的还是信号处理和机器学习。在 1970 年代以前，基本上只有模拟处理，精度和复杂度十分有限。到了 1970 年代、1980 年代，数字信号处理逐渐取而代之。其中最具代表性的贡献是快速傅里叶变换的算法，这个几乎到处都用到的算法把二次方复杂度的问题降低到几乎是一次方的程度，大大推进了数字算法的可行性。除了数字计算的革命，统计学概率的概念也逐渐被带进通信与信息处理而成为新的主流。有了统计学工具和复杂的估测，检测和预测理论便得到全面发展，在通信、信息处理与机器学习中繁衍出统计通信、统计信息处理和统计机器学习理论。在深度学习未开发之前，这种基础理论和算法独占鳌头，被广泛应用于各个领域。

在这个基础上，无线通信技术得到快速发展。第一代无线通信是在 1980 年代初开发的模拟系统，一部手机比砖块还大，并且贵到只有"大哥"级的人物才用得起，所以被人戏称为"大哥大"。没有数位机能，第一代系统的基本功能就是通话。约十年后，第二代无线通信在 1990 年代初开始运营，它是用最传统的通信技术，也就是 TDMA（时分多址技术），来支持众多不同的用户。它把一个通信时间区间切成很多份，让不同的用户用他们自己分配到的时间等份。所以 TDMA 的系统并不复杂，因为是数字传输，所以语音质量大大改善，并且可以发送短信。当时的代表公司为芬兰的诺基亚，其实很多欧洲的公司像瑞典的爱立信，也都是那时全球主要的手机制造商。原因是当时有好几个 2G 标准，美国的标准并不出色，而以欧洲的 GSM（全球移动通信系统）最有优势并在全球普及，因此惠及了不少欧洲公司。在诺基亚的鼎盛时期，它几乎成了芬兰的代名词，为芬兰的 GDP（国内生产总值）立下汗马功劳。可惜的是诺基亚后来错误的决策让它错失了逐鹿 4G 市场的机会。那时 2G 的频宽只有 30~200 千赫，以现在来看实在小得可怜。但是麻雀虽小，五脏俱全，人人都想拥有诺基亚手机。它也保持了约十年的兴盛，让普罗大众对无线通信的来临及其为生活带来的便利有了相当的信心，促成下几代无线通信的顺利持续发展。

大家很快就明白，如果要切割时间给不同的用户，很快便无从供给，因为时间不可能无限切割下去。加上那时频宽十分有限，所以 2G 的 TDMA 很快便达到瓶颈。约十年之后，也就是 2000 年初 TDMA 被 3G 的主力 CDMA 取代。CDMA 是码分多址技术，它的基本概念是让每个用户都有自己独特的编码，从而区分各个用户。我们可以想象用户的账户都在一个超高维度的编码空间里，只要用户可以唯一地被区分开来，基本上可以容纳无数人。那如何编这种码呢？在那之前已有一家小的通信公司，它的主要技术是用编码来"打散"用户在频道上的信息，所以纵使有很多人在传输信息，因为能量全被打散分布到整个频宽上，没有人可以知道或探知是否有人在传输。一开始，这种打散频道的通信技术主要用于军事用途，以避免敌人侦测到有事情正在发生，甚至截取窃听。巧的是这种技术正好也是最合适的 CDMA 编码。这家公司就是后来的鼎鼎大名的高通。因为 3G，高通从一家专门从事军事通信的小公司一跃成为全球知名的通信大咖。3G 的频宽大概十倍于 2G，除了速度更快，它还带来移动互联的功能。这时无线通信开始普及，用户开始希望能够用个人网址进行语音通话和视频，并可以串流媒体。

于是第四代无线通信系统，也就是众所周知的 LTE（长期演进）便在 2010 年前后开始在全球展开，并达成了上面说到的用户的应用需求。再次地，4G 的频宽也十倍于 3G 来到 20 兆赫，但是大多只有 5~10 兆赫。这时的频宽已经可以算是宽频了，因为已经百倍于 2G。为了增加更多的用户，必须找到比 CDMA

更合适的技术。其实高通极力推荐 CDMA 成为 4G 的主流技术，但是它在功能上竞争不过一个成立不久的小公司 Flavion 提出的 OFDMA（正交频分多址技术）。Flavion 是一群自贝尔实验室出来的年轻工程师创立的，其中还有我的学生。高通后来不得不把 Flavion 买下才能维持它在 4G 的霸主地位。其实 OFDMA 的概念和 TDMA 一样容易理解。既然频宽很大，就把整个频宽切割成无数正交频道，技术重点就在正交的关系，因此它们之间便不会互相干扰，解决了通信的最大难题。为了进一步增大用户数，多天线技术也被广泛使用。为什么要多天线呢？从物理直观上看，不外乎多个天线可以产生波束，把用户从空间上区隔开来。从数学上我们可以证明时空编码技术是可以大大增加无线传输效率的。

话说天线在无线通信中的应用，之前我曾有所提及，早在 1997 年我和学生便提出天线传输上行与下行链接对偶性的重要概念，应用在联合发射阵列和功率控制上，证明这种跨层设计能将网络中的用户数量增加 100 倍，这是第一个提出通过使用天线阵列来显著提高用户数量的研究成果。它激发了数十年的多输入多输出（MIMO）无线网络资源配置和跨层控制的研究和标准制定，极大影响了几乎所有目前和未来的多天线设计无线通信系统。现在天线阵列的使用在无线通信上的跨层设计已成为很多无线规格的标准做法。

另一个天线阵列的重大突破便是 space-time code（空时码）。我在其中扮演的角色不是发明者，而是负责审稿的编辑。回到 1997 年，我和一些同事在 IEEE 的期刊负责一个无线通信的特别专辑。我负责审一篇从美国电话电报公司（AT&T）西雅图实验室投来的论文。它用简单平常的正交基（而且只有二维）来做空时编码，但是这个再平凡不过的空时码却可以被证明达到全分集和全速率。当我接受这篇论文时，我发的接受信却被退回（那个时代全是邮件），原来作者已被美国电话电报公司解雇。这个作者就是后来因之成名的阿拉穆蒂。在多年之后的一个颁奖典礼上，我把这封退函当面交给他。他风趣地感谢说，没有我当初接受他的论文就不会有今天的他。其实当初我还是很犹豫是否要接受这篇论文，因为他的内容实在简单平常，分析推演也不够深入，因为毕竟他只接受过硕士的训练。但是那篇论文的结果是当时无人能及的。后来证明，这样的论文人人能看懂，因此被引用数特别高。

在那之后，2000年左右，贝尔实验室的一群研究员，大多同阿拉穆蒂一样是伊朗裔，发表了完整的窄带空时编码，让研究界兴奋不已，各式各样的空时编码被陆续提出，是当时最热门的研究课题。同时大家也做了许多尝试，希望在宽带无线通信系统中找到可用的最大分集，特别是搜寻全分集空频码，甚至是更完全的全分集空时频编码。许多人从1998年开始进行这些尝试，可是经过了五年还是没有重大进展，卡在数学的复杂度太高而无法处理。甚至几位举足轻重的大咖还发表论文说这件事恐怕办不到。直到我的团队在2003年首次证明，具有任意通道功率延迟分布的最大可实现分集阶数是延迟路径数量、通道时间相关矩阵的秩，以及发射和接收天线的数量的乘积。如此美丽而简单且具有物理意义的数学结果实现了当时没有人认为可能做到的重大突破。我的团队开发了世界上第一个全分集、全速率空频码，也是唯一可用的系统空时频编码，通过利用所有可用的资源，实现了宽带无线通信在空间、时间和频率上可能的最大分集。这个成就完全归功于伟丰，我团队的一名博士后研究员，他来美攻读电机专业博士之前曾经获得中国奥林匹克数学竞赛金奖，被保送南开大学数学奥林匹克班并获得数学博士学位。没有他的数学底子，这个问题无法解决。这项工作为理解多输入多输出宽带 OFDM 系统的全分集迈出了开创性的一步。该系统常用于 WiMAX（全球微波接入互操作性）和 4G/5G 蜂窝系统等现代无线通信标准。

在此让我们先来了解一下科研基础方法和工具。在深度学习还未发明之前，数字的统计处理方法，也就是众人皆知的模式方法，几乎使用在所有的应用场景中，也取得了重大的成果，而神经网络当时还没有立锥之地。我们在数字统计处理方法下对于线性系统与信息处理有很完备的理论基础，在大学和研究所的课程里也几乎都是在教有关线性系统的描述与应用。我们可以清楚描述它的行为模式，什么做得到或者做不到，为什么做得到或者做不到，我们都可以解释，甚至能达到可以预见各种极限状况的程度。但是这里有一个致命伤，那就是我们对于非线性系统的所知仍然十分有限。为什么？因为我们手上的数字统计方法无法完全描述非线性行为，更遑论去设计、解释或预测非线性系统。所以我们过去对问题的认知和处理，基本上都是先把问题线性化，然后在这个基础上去解决问题。但是问题来了，我们日常的几乎所有真实的应用问题都不是线性的，而是非线性的。线性化就是简化问题到线性系统能够分析解释的程度，实际上这是在做最佳一次平方线性逼近的事，能够取得的成效自然有限。当然有人会辩解说我们可以加入非线性方程来做非线性学习，可是整个思考模式还是困囿在线性化之后的范畴里，基本上成效还是在线性范畴里增补，无济于事。

除了理论派，数据派也认识到上述核心问题，他们以数据为导向，并在2000年左右逐渐崛起。他们的理论是：所有的事实真相都在数据里，只要通过大数据，也就是说只要有足够的数据（包含所有的场景与状况），再加上机器学习便可以解决问题，无须任何理论或模式来做分析和设计。他们也拿出很多实际的应用场景来佐证，只要有足够大的数据，便能获得理论派做不到的结果。这个并不意外，因为他们的学习过程中并没有理论派线性化问题简化的种种假设，而是如实从数据中去学习。但是这种大数据导向的做法也有它根本的问题，那就是没法解释为什么做得到，更没法解释为什么做不到和能做到的极限是什么。到后来大数据派的成就也就卡在机器学习的能力限制上，无法突破这个瓶颈，直到深度学习发明出来。

与其说是发明，不如说是发现。杰弗里·辛顿等人在2000年中期发表了深度学习成果，成为神经网络的又一次重大突破，奠定了今天 AI（人工智能）的基础，因此辛顿与霍普菲尔德同时获得 2024 年的诺贝尔物理学奖。自从神经网络在 1980 年代二次复活后，虽然激情不再，但是还是有一群死忠之士在默默耕耘，一直有零星的进展。直到 2006 年前后，辛顿等人发表了深度学习发现，大大提升了神经网络的学习能力，不仅让神经网络在过去的 50 年里第三度复活，甚至取代了几乎所有其他机器学习方法而独占鳌头。为什么说是发现呢？因为深度学习一直是过去二十年来的难题，没有很好的方法来做深层众多参数的选择与微调。甚至在辛顿刚发表深度学习成果时，能不能有理想的参数选择与微调也全靠经验，并没有理论依据。深度学习一下子爆发为最热门的科研课题，相关的国际会议从以前的几千人一下子蹿升到上万人。期刊论文数也是爆发式增长，各种崭新的学习法则也如雨后春笋般应运而生，像是 GAN（生成对抗网络）、Encoder（学习编码器）、Transformer（学习转换器）、师生学习（让比较好的数据或优势模式来"教"弱势模式）和跨模型学习等，为 AI 研究发展注入新的活力与能量。有了这些优越的学习能力与方法，搭配上机器学习和信号处理的各种传统方法，人工智能带来的第四次工业革命便如火如荼地展开。

这时大数据派开始明显占上风。深度学习带来的优越的学习能力，不仅大大提升了过去的研究成果，以前做不到的事也能迎刃而解。从语音识别开始，到影像视频、计算机视觉，渐渐地各种应用的效果都大大提升，有的成功识别率甚至从以前的 60%~70% 一下子跃升到 98%~99%。这种惊人的跃进比比皆是，连研究人员都大大吃惊。于是大数据派的神主牌——数据，便成了兵家必争之地。问题来了，如何处理这么大的数据？在哪里处理这个无穷大参数的模式呢？那动辄有上兆参数的超大型模式当然只能通过大规模数据中心和云端来处理了。正好以前用在电脑游戏中的 GPU（图形处理器）非常适合做快速的张量处理，那是神经网络需要的基本算法，它可以快速高效地做大量的计算。而 GPU 正是一家以前做电脑游戏芯片起家的公司英伟达的看家本领。不到几年，本来市值仅有英特尔 1/10 的英伟达一跃成为全球市值最高的企业。对于无数相互竞争的 AI 公司来说，英伟达是目前最大的"军火"供应商。没人知道全球成百上千家相关产业的 AI 公司有几个最后能够赚钱并存活下来，然而"军火"供应商似乎是一个稳赚不赔的大赢家。很巧的是，英伟达创始人黄仁勋和我同在 2024 年被评为美国工程院院士，我去参加在美国国家天主教堂举行的晚宴，第一个碰到的就是他和他的夫人。我们寒暄起来，说起我们都是从台湾走出来的，也谈到我做的无线感知创新。也许我应该问他买服务器，现在买都买不到。

当然 AI 并不是忽地从天而降或是从石头缝里蹦出来的，它仍然建构在以前所有的研究基础之上，只是在深度学习上有重大突破性的发展，我们以前做的研究领域有各种名称，现在统统被称为 AI。跟以前的研究最大的不同是，因为深度学习带来的优越能力，现在的科研解决的都是真实的而且是实际的问题，像是 ChatGPT 能够学习并给出新的答案、汽车自驾、机器人模拟真人等，当然，语音及人脸识别和计算机视觉技术早已商业化。深度学习不似以前做研究前必须先定义清楚问题使其能够有解，然后用种种假设来限定，使之能导入已知的模式，再用众多的分析方程式来解答。诚如之前所提到，其实这整个过程基本上都是在做最佳一次平方线性逼近的事，逼近原来真实的问题，纵使解出答案，也只是那个逼近问题的答案，而不是原本问题的完全解答。所以以前的论文经常可以看到长篇大论的方程式和推导，但是实际用途非常有限。

现在的论文则不然，有着截然不同的思考逻辑，经验取向更加明显。现在，一个系统或应用常常用很多的学习区块组建起来，而每个区块都是各种学习的工具和方法，能看到的方程式并不多。论文的好坏不再是看谁的方程式推导得漂亮简洁，而是谁的结果最真实也最好。虽然这个实事求是的态度是正面的，但是也带来一些前所未有的教育问题。很多学生在没搞清楚并了解问题的真相前，便用从其他论文读来的或是自己想出的"经验"随兴兜了几个区块做出一个应用系统，拿了一堆数据去做深度学习，只要结果够好，也可以号称得到很好的研究成果，但是无法解释为什么这么做最好和到底做了什么事。这种只知其然而不知其所以然的现象比比皆是。这在以前是很少见的，因为以前在做科研之前必须先有严格的理论基础训练。在这个氛围下，再加上学校里没有也拿不到真实的数据，更遑论大数据了，学校的科研受到严重的影响，经常被限制在玩具等级的问题上。重要的数据都在工业界，尤其是大企业。所以从 2000 年中期开始，学校的科研影响力和成果在深度学习和 AI 的领域里逐渐式微。事实上近年来，重大的突破都在少数几个大企业，因为只有它们有很深的口袋来建造超大型数据中心、超大型 GPU 服务器、超大型的云端，有无人能与之匹敌的大数据，来建构上兆参数的超大型的深度学习模型。这是福是祸，我们只能拭目以待。

近年来相当令人瞩目的 ChatGPT 就是一例，因为它最初是开源的，一般人也能用，所以让大众看到也体会到 AI 的能耐和能量。生成式 AI 基本要"先有"，然后"去找去兜"，之后优化打分，再提交最佳答案。"先有"就是要先有一个庞大的数据库，到各个图书馆、所有报纸典藏以及全世界所有的网站去"爬行"，建立起大到超乎想象的数据库。"去找去兜"就是去找到各种可能的答案，然后把可能的组合兜在一起。这件事的复杂度也是呈指数级增长的。整个过程所用的学习和模式的参数都在兆以上，而且还在持续快速增加。从这种前所未有的规模和其所能达成的效果来看，如果这个不是工业革命，那什么才是？

很有意思的是，在 ChatGPT 刚问世的时候，最早的大客户竟然是全球各地的年轻学子们。他们马上把这当成宝，做功课、提交报告、写程序，通通都是好助手，也许还可以帮忙写情书，能耐还远大于学生的程度。很快学校便开始禁止使用，可是防不胜防。渐渐地学校也体会到这是一个新的教学研究工具，必须严肃面对。其实它对老师备课、演讲、准备教材、做研究，甚至出考题都是非常好的工具。所以很多大学公开支持老师学生用 ChatGPT，但是必须遵守规范，也必须清楚注明是否使用了 ChatGPT。不仅仅学校，也有工业界闹的笑话。据说三星有工程师做不出程序，便把他的未完成工作放进 ChatGPT，希望这个神助手能帮忙做出来，结果是三星的机密被 ChatGPT 收到它的数据库去了，也许以后 ChatGPT 会用这送上门来的礼物帮助三星的劲敌呢。切记，当我们使用它时，我们不仅提供了信息，同时也通过我们的反馈增进了 ChatGPT 的学习。所以必须谨慎对待机密的文件资料，不然，它们将成为全世界公开的秘密。

我个人以为这种生成式 AI 在生物化学和医学制药技术上的应用将会产生远大于现在所看到的在信息领域中的影响力。为什么呢？因为这些领域的研究和产品开发瓶颈一直在依靠生物过程。比方说疫苗的培养以前得先从鸡蛋的蛋白质中萃取，然后等上几周的时间去培养菌素。在研究开发的过程，这种时间限制一直是这些领域突破不了的瓶颈。生成式 AI 可以数字学习和模拟的方式把千万种菌素演化的可能性做筛检，并把可能需要几年的生物过程缩短成几日。一个病人的癌症病情也可以借助 AI 预测可能的蔓延恶化路径而先做预防性治疗，而不是像现在得看病情的发展趋势来做事后的诊治，一切将可能太晚。这个生化医学的 AI 革命正在发生，它的爆发将可能带来新一轮的工业革命，也就是生命科学革命，目标是人类的长生不老。新的发明会开启一个新的文明，同时也开创新的生活方式。

再拉回来到无线通信的发展。我们之前看到，从 1G 到 2G、3G 和 4G，几乎每隔十年便是一个新的世代，同时有着十倍带宽的增长，我们也可以如此推测其传输速度也是大约代代十倍于前。因此没有意外的，在 4G 开展大约十年之后的 2020 年前后，5G 也如火如荼地开展开来。带宽也如预期十倍于 4G 来到 100~200 兆赫，也加入了毫米波段的频道使视距的传输可以更上一层楼。和 4G 一样，如此大的带宽如果单纯考虑传输速度，OFDM 仍是最佳选择。屈指一算，5G 的传输速度和功能应该万倍于 30 年前的 1G。除了速度，5G 究竟还提供了什么前所未有的功能呢？在开发的时候，很多人对 5G 寄予很大的期望，希望能够跳脱前四代的演进模式，带来崭新的面貌和体验。

十六 信息革命

比方说，我在 2012 年发表了有关 TRDMA（时反分多址技术）的论文，它利用 5G 的大频宽可以看到很多的电波多路径来区分用户。有关时间反演的故事我会在后边章节提到，这里就不再赘述，只略述时间反演的功能。基本上只要有 100 兆赫的带宽，我们就可以看到很多的电波多路径，这是以前做不到的事。那是因为无线电波带宽够宽，所以在时域的分辨率便够了。简单地说，如果有一个发射端发送一个脉冲信号，电波会有很多反射折射，所以接收端会收到各个角落反射折射而来的多路径信号。根据时间反演物理理论，接收端把看到的多路径，最后到的先送回，然后依序从后往前一一送回，直到送出最先到达的多路径，这些送回的信号不仅会同时到达发射端，而且完全同相位，所以有加成的效果，能量会在此聚焦。也就是说通过时间反演的过程，无线传播中的失真会被这个物理现象完全弥补回来，这是用数字算法完全做不到的事。我被这个美丽的物理现象深深吸引住，所以我一直在思考怎么把时间反演物理带进我们的日常生活。这时 5G 通信的想法尚在萌芽之中，我立刻明白时间反演的用武之地了。5G 的大带宽可以看到很多的多路径让时间反演得以发挥，尤其是在人多的地方，时间反演可以用其聚焦的效果把人区分开来，因而可以支持更多的用户。

TRDMA 不仅可以支持更多的用户，还可以用来定位和无线感知。相关内容我在后面章节会详谈。

同时期被提出来的技术还有 Massive MIMO，也就是大规模多输入多输出。它的理论基础简单地说就是，如果把无穷大的天线放在一起，能够产生一种极限的电波束集，像激光光束般传输，并且把用户区分开来。显然这个 Massive MIMO 和 TRDMA 异曲同工，前者用在开阔的视距空间，而后者则适用于室内没有视距但有很多电波多路径的情况。我后来也从理论上证明这两个概念是同一回事，它们的功能除了传输，还可以定位。在 2010 年中后期，这些技术被炒得甚嚣尘上，可是当 5G 开发出来，看到的似乎只是加快了速度，雷声大雨点小，所以有些失望。对比 4G，5G 可以做边缘计算和连接物联网，这个将有长远的影响，因为后文提到的无线感知及其无数的应用都将架构在物联网和边缘计算之上。无线感知是 5G 可以支持的未来技术，只是当初 5G 在发展的时候，AI 和感知的热度还没烧进通信界。我们就期待下个世代了。

当 5G 蓬勃发展的时候，中国也正在快速崛起。在 4G 的时候，中国便想要建立起自己国内的标准，可是成效有限。但是交的学费正是对下一波 5G 浪潮最好的投资。中国的通信大厂在 5G 时代扮演了重要角色，在全球市场以高性价比给欧美大厂带来前所未有也未曾预见的压力。再加上地缘政治衍生出来的复杂因素，不仅仅是通信产业，AI 和半导体产业也陆续被波及，全球的高新科技发展及其供应链逐步二级化，像是倒退回二战后的冷战时期，这对全球科学技术发展有着深远且负面的影响。

现在来谈谈物联网，这个名词在 2000 年左右被正式提出。它是指具有传感器、处理能力、软件和其他技术的设备，可通过互联网或其他通信网络与其他设备和系统连接并交换数据。简单地说是将短距离收发器嵌入各种小工具和日常生活用品，以实现人与物、物与物之间的新型通信。在过去的二十几年中，物联网的概念已经在不知不觉中出现在我们的周围。现在我们周遭的电子电器产品，像是电视、空调、咖啡机、烤箱、烟雾报警器等很多家用电器都能通过蓝牙或者 Wi-Fi（无线局域网）用手机进行远程遥控，甚至门锁和监控也都能做到。可是为什么大家都说没有人利用物联网赚钱呢？其根本原因在于用户认为这些电器小物能连接互联网是应该的，所以应该免费。而且到目前为止，不同品牌的电器还无法互相连接，在家庭内部构成一个物联网。所以没有哪个企业有足够的底气让自己的软件成为杀手级应用，让用户心甘情愿地付费。

我个人的看法是：这么多的"物"可以联合起来做很多事，但不是站在企业的角度来做。我们必须反向思考，有许多"物"已经在一个家里，我们如何把这些不同的"物"串联在一起，形成一个名副其实的物联网来创造杀手级的应用。现在很多大厂开始支持新的标准，以便让这些"物"连接在一起，形成名副其实的物联网，而不只是概念。其实 AI 将为物联网带来颠覆性的机会。以我团队开发的无线感知创新为例，上面提到的各种电器产品的世界级大厂都在和我们合作。电视想要知道有几个人在看、谁在看，以便做选择性广告营销。空调想要知道有没有人、有多少人在哪个房间，来自动调节不同房间的温度。厨房电器用品希望掌握家人的作息时间来适时提供服务，比如自动冲咖啡、煮饭等。这些"物"更可以加乘起来提供前所未有的智能服务。几乎每个领域的大厂都非常乐意推动这个无线感知为物联网带来的无限商机。

如果前面五个无线通信世代的历史会重演，那就是每十年一个新的世代且代代有着十倍于前的带宽，到 2030 年左右便会是 6G 的天下了。每个国际会议都对此有着很多的讨论，也有人问我，站在学校科研和创业的角度分别有什么看法。当然我是没有水晶球的，我可以说说我的期望。第一个问题是我们真的还在追求更快的传输速度吗？5G 已经提供了 100~200 兆赫的带宽，可以到达 10 吉比特每秒（Gbps）的移动传输速度。这到底有多快呢？比我们大部分人家里的 Wi-Fi 还快！再十倍便是 1000~2000 兆赫的带宽了，恐怕微波频段无法再提供这么大的带宽，因为已经使用的频段太过拥挤了，只能往毫米波或者更高到太赫兹，300 吉兆赫之上了。可是这些频率基本上只适合视距传输，因为它易被折射和反射，不容易穿墙，连汽车玻璃都穿不透，所以只能用在没有任何墙壁的房间或者室外空旷处，但是传输距离并不长，很有可能 10~20 米就得有一个接入点，也就是说要四处布建接入点，这会是很大的资金投入。其实这正是毫米波未被 5G 广泛采用的主要原因之一。近年有一个热门的研究课题是利用折射板来减少接入点，进而降低成本，但我个人对这个成效有限、治标不治本的方法持保留态度。

我的看法是无线通信重点在于移动，当我们在移动的时候，我们要求的是持续无缝连接，因此我们并不需要有无限快的传输速度。当它足够快的时候，速度就不再是用户所追求的了，更重要的是具有高性价比的新服务和稳定的质量。比如当喷气式客机飞行速度远快于螺旋桨客机时，航空公司竞争的就不再是谁飞得更快，而是安全、服务和性价比。所以毫米波和太赫兹的大量布建不太可能，仅有特定用途的场景才有此需求。前面提到，在 5G 开发的时候，深度学习仅影响到语音和视频领域，还没有进入传统的通信技术领域。过去几年，很多传统的编码、频道均衡、网络资源分配等已被证实通过深度学习可以有大幅改善。也就是说，5G 以前的微波频段技术和成效还有进步空间。前面提到的时反分多址也是很好的选项，因为它不仅可以容纳大量的用户，而且可以用来定位。当带宽大到一定程度，编码效率便不再是唯一重要的技术指标。

说到定位，6G 最大的潜力应该是 AI 带来的各种崭新的服务。不是我偏颇，后面会提到的无线感知和定位会是 6G 最大的卖点。因为它提供了通信之外的杀手级应用，利用电波感知我们的周遭和活动来帮助并增益我们的生活。"无线"这个词以后不再只与"通信"绑定，还和"感知"形成一对。无线通信经历了 50 年的演进来到 5G 时代，即将进入 6G，而无线感知正处在起步阶段，未来还有几十年的发展期。因为后面会提到更多，我这里不赘述，只谈谈目前热门的集成感知与通信（ISAC）。ISAC 其实是通信和感知的交会，前面提到的毫米波是很好的雷达波段，5G/6G 也把毫米波纳入其通信使用频道，学界和业界便提出，在使用其为通信服务时，是不是也可以同时加入雷达探测功能来做感知服务。这是非常可行的，只是通信和雷达的最佳波形不同，但正因此这成为很好的研究题目。这个应用正是我前面提到的重点，速度不再是唯一重要指标，新的杀手级应用和 AI 带来的优质服务将是兵家必争之地。其实我的创新在 2019 年便和无线通信企业 Linksys 联合推出世界上第一个 ISAC 产品。我们把 Wi-Fi 的电波传输交错通信与感知的功能，这样 Linksys 的路由器便同时具备了通信功能和感知能力，能够做家庭安防和照顾。这个产品把一个单纯的路由器转变成一个集成感知与通信的新器件，为企业带来了新的商机。

与传统无线网络不同，AI 加持的认知无线是一种智能无线通信系统，它能够感知周围环境，并能够根据与环境和用户的互动自适应地改变其工作参数。借助认知无线技术，未来的无线设备有望感知和分析周围环境和用户状况，从环境变化中学习，并调整其操作参数，以实现高度可靠的通信和频谱资源的高效利用。我的团队在 2000 年代中期便开始运用博弈论来设计认知无线电中动态频谱存取、分配、共享、传感、安全和抗干扰的最佳解决方案和策略。现在与成熟的 AI 技术搭配，通过发展共同学习和决策的新框架，可以实现真正的认知智慧和互动，使 6G 与未来的无线网络成为真正的认知智能网络。大约在 2000 年初，当协作通信的概念首次出现时，我便认识到其影响将远远超出物理层面，我的团队也在协作通信领域做出了不少贡献。未来通信在物联网中的应用，可以在各个"物"之间建立合作，成为一种新的协作通信模式，来提高通信性能、扩大传输覆盖范围、提高能源效率和延长网络寿命，并增加信息吞吐量和信号稳定区域。

现在我们再请出水晶球来，谈谈 AI 和未来 6G 的融合。很多人说 AI 的爆发会带来一个虚拟世界。机器人，自驾车，甚至自驾飞机会逐渐取代一切。我们每个人都会有一个数字孪生，它存在于云端之上，通过人在诞生之后的持续学习，数孪在思考和行为模式上几乎就是真人的翻版。云端之上的虚拟世界是所有人的数孪"生活"的地方，他们互相交流，甚至建立友谊，安排日程，回答电子邮件，无事不做，还不吃不喝不睡。那真人做啥？那时真人就在真实的极乐世界里，过着童话般幸福快乐的日子。可是这个数孪如何才能永续且不间断地和真人做学习沟通呢？靠的就是大带宽永续无缝连接的移动通信，可能6G做得到，或许未来世代才行，把我思我见我做我的喜好完完全全地复制给数孪做永生的学习和连接。这个听起来有点虚幻，也有点可怕。万一所有数孪打算取代人类而一起"叛变"，那人类不就灭绝了吗？好啦，不管信与不信，请不必大惊小怪，我这里的论述是在强调，当AI和未来的通信汇集的时候，不可能的事都会变成可能。

那未来世界的通信比如说10G之后又会是什么？这还得请出水晶球来。那时的量子计算恐怕已经成真。在量子世界里，一切都是概率，没有必然的确定之事。科学家可以把一粒光子准确地投射在一个地点，只要光栅大于原子尺度就行。可是当光栅小于原子尺度的时候，光子不再有确定的行为模式，而是概率分布到不同的地方。也就是说，光子有某种概率同时出现在不同的地方。量子世界是概率世界，没有绝对，思考模式与我们的宏观世界有很大的差异。有一种很特别的现象叫作量子遥传（quantum teleportation，又称量子隐形传态），是一种利用量子纠缠来传送量子信息至任意位置的技术，在不同的地方量子信息可以同时出现。也就是说每个量子信息都是"真"的原版，而不是翻版，截然不同于我们现在通信"传输"的概念。这个量子遥传概念在1993年左右被提出，也得到了实证。当量子计算的时代来临时，是不是我们的量子信息也能以量子遥传的方式同时"存在"于不同的地方呢？那速度和容量恐怕远远超过我们现在能够想象的。当然，这种量子遥传仅限于量子信息，无法做到物质与能量的遥传。是不是更久的将来会有新的物理发现，能够做到物质与能量的遥传呢？如果做得到，那星际旅行的美梦将会成真。

林林总总地说了一大堆，概括成一句话就是：知识就是力量。在信息大革命的时代更是如此。神经网络三次复活而终究拿下诺贝尔奖，只要有恒心有毅力，凡事都会成功的。

十七　伙伴

每日当我下班开车到家时，它都在车库外的同一个角落的草地上等着我。我一下车它就很兴奋地扑上来，我会抓住它的前脚抱抱，这是我们之间每日的规律。它是我们家的一个新成员，名字叫 Reo 的英国喜乐蒂小型牧羊犬。它似乎知道我什么时候会回到家，每天回家时 Reo 都会很激动地欢迎我，那真是美好的一幕，用来结束一天的辛劳。

Reo 有着黑白相间的长毛和优雅的气质。这种犬在各种犬类中算是极聪明的，电影《灵犬莱西》的主角就是这种犬。话说 2000 年初，小儿小女想要养狗狗。从报纸的广告上看到在北弗吉尼亚州雪兰多山区有人正有刚出生的喜乐蒂狗宝宝，联络上了便带着他们上山去看狗狗。到了山上，那里没有路标也没门牌号码，还真不知道该怎么走。看到山坡上有一户人家，便拐个弯过独木桥开了上去，正是这户养狗人家。他们把狗爸狗妈也都叫出来给我们看，说长大之后就会像爸妈。原来这户山上人家养狗来贴补家用。一旁有一个大笼子，里面有好多只狗宝宝，他们说有几只已被预订。那只黑白相间的走了过来，正在闻小儿的臭布鞋，名叫 Reo，因为它的颜色正似奥利奥（Oreo）黑白相间的饼干。不知是它比较喜欢臭味还是有缘，我们就要这只狗狗了。可是法律规定，狗狗必须满三个月且打完该打的疫苗才能带回家，所以先付订金，两个多月后再来领。

我事先跟二小签约，他们同意完全负责照顾狗狗每天的起居饮食和所有的事。约是签了，可是他们从没履行义务，借口是以他们的年纪签的约，法律不承认，所以不算。当然以后不会再上当跟他们这些小无赖签约了。领回来后小狗还算规矩，会等到去院子草地上才大小便，狗妈妈教得还不错。只是附近老鹰很多，经常在天空盘旋，必须很快带进屋里，以免被老鹰抓去了。

Reo 不改牧羊犬天性，会把二小当羊看护，如果大的装势要欺负小的，它会站在小的那边对着大的叫。在院子看到其他动物，像狐狸、鹿或其他动物，它都会冲出去追赶出院子。Reo 很聪明，没多久就知道家里二亩地的边界，每次它只逐出边界，不会跑丢了。所以大一点时，我们就放它在院子里玩，顺便看家护院。Reo 最痛恨狐狸了，三更半夜每当它听到狐狸的声音就会抓狂，很多时候我们都听不到声音，但是听到 Reo 抓狂般大叫就知道狐狸来了。

Reo 其实就像是个毛小孩，每当小孩朋友们来家里在地下室玩，它会偷跑下去跟小孩追逐玩耍，那兴奋高亢的叫声跟小孩没两样。我们不准 Reo 离开餐厅和厨房，可是它会"不小心"将两只前脚放入电视间的地板，然后整个身体，再然后就到沙发旁一起看电视了。我们发觉到就叫它回去，但是它还是依样画葫芦地重来一遍。后来我们也觉得烦了，只要不搞怪就不理它了。我在书房工作时它就会卧在书房门口，面向外，好似保镖。如果有工人或朋友来，它会第一个到门口咆哮，可是人一走近，它会马上逃跑，真的是中看不中用。我进进出出，不管去哪，它一定跟着，像个跟屁虫。

每天早上第一件事就是去院子捡报纸，Reo 已经等不及在它的房间想要出去遛遛，顺便放它去草坪大小便，我总是说"Go peepee poopoo"，它会这里嗅嗅那里闻闻，找一个满意的地方解放，还会屁股着地两只前脚往前爬动在草地上擦屁股呢！每当我在后院和菜园工作，Reo 都忙着跟东跟西寸步不离，好似它也在忙。一旦我累了找个地方歇歇，它就会跑过来把下巴放在我脚上，或者头就往我身上钻来撒娇一下，摸摸它的头它会很得意地闭上眼睛，一副惬意的模样。看到鹿在院子远方出现，它会很警觉地往前注视，翘起尾巴，发出低沉的声音。如果鹿不理它，它会冲出去做攻击状，然后将之驱逐出院子。其实这是 Reo 唯一的本事，它不会去捡报纸、做小把戏，谁叫它是牧羊犬呢？

有一天我的菜园的门没关，再去的时候发现我种的小番茄被摘了不少，还被整齐地堆在一旁。我正怀疑怎么可能，因为没有其他人在这儿，就看到 Reo 在一旁以心虚的表情看着我，我大喊，REO！它会马上到我脚上磨蹭，一副做坏事后的撒娇状，像是在说原谅我吧，好气又好笑。本来狗是不吃番茄的，只是它就跟在旁，我经常有熟的摘下就吃了，Reo 一副想吃的样子看着，我就随手给它吃一个，久而久之它就成了一只爱吃番茄的狗了。我经常先摘一些堆在地上，等会再去找东西装起来，没想到它有样学样，也依样画葫芦。只是它红的绿的不分，统统都摘了。

因为院子大，可以让 Reo 在草地上随意大小便，再加上它也不会跑出院子，我们就省的遛狗，很少用牵绳拉住 Reo。每当我拿起牵绳时，它就会很兴奋地跑到我面前，一副很乖的样子坐着，直直地把脖子伸出，好让我拴绳。为什么呢？因为它知道拴上牵绳就是要去小区路上走走了。小孩去骑车时或是我跑步时，都会带 Reo 一起去。一开始它会跑在前面，还会拉着我们，到后来没力气了，便变成我们拉它了。虽然它喜欢到路上走走，但是如果没有人带它也不会自己跑出去，这就是 Reo 聪明的地方，因此它可以自由自在地在院子草地上走动，而不会被拴起来。

可是有一次例外。有一天到处找都找不到 Reo，它明明就像往常在草地上晒太阳，怎么会不见踪影了？一天过去了，我们着实紧张，天快暗时，只见 Reo 从远方溪床慢慢走来，后面跟着两只脏兮兮的流浪狗。这两只几天前就出现了，想进院子时被我驱离，没想到 Reo 竟反常地跟着它们跑出院子离家玩去了。到家时这两只流浪狗还想一起进屋子，我们赶紧关起门，大骂 Reo 一顿，它还是老样子，可怜兮兮地低着头，不时用眼睛瞄一眼。算了，告诫它下次不要再交坏朋友了。搞得一身脏兮兮的，马上抓来洗澡了。

人的一年相当于狗狗的七年，一转眼十四年就过去了。Reo 从一只调皮捣蛋的小狗长大成年轻力壮的成熟牧羊犬，然后又成了老态龙钟的老狗。这时的 Reo 已无法自己上下阶梯出门去草地上，我必须搀扶一把从后面抱起一些帮它上下。它也渐渐不能控制大小便，经常一早起来发现它已忍不住在它的床附近地上解放。平常它也会到处滴尿，一滴一滴地洒落各处。可是它还是一样爱吃，一样是跟屁虫，一样地在我的书房门口守护着，一样地在老地方等待我下班回家。

有一天下班，它不似往常在外头等我，正觉得有异，一进门就看到 Reo 口吐白沫，躺在地上抽搐着。我们赶紧把它送到最近的动物医院，护士小姐说它恐怕是不行了，你们好好陪伴它，想好后让我知道你们的决定。我找来儿子来见 Reo 最后一面，女儿在纽约读书，也实时视频跟 Reo 边哭边说再见。Reo 舌头微突没有清醒过。护士走来问我的决定，我跟她说就让它安详地走吧。家人还不舍，我说 Reo 相信我会为它做最好的决定，就像我也信任它一样。护士说她去准备，你们慢慢来，时间到了告诉我。我们同时也签署了火化协议。护士知道这是我们最后在一起的机会，虽然已是远超过她们下班关门的时候，但仍很贴心地耐心等候。我给 Reo 最后一个亲吻，跟它说，Reo，谢谢你来陪伴我们，你好好地走。我们剪下一些黑白相间的毛留念，Reo 便安详地走了。

第二天一早依旧出去捡报纸，一边沿着步道走下，惊觉少了什么。我大声呼唤 Reo，Reo，Reo……泪水潸然而下……

十八 风起

就在一个机缘巧合之下,我走上了一条期刊主编的路。那是在 2000 年的年底,一天收到一个电子邮件,邀请我当一个期刊的主编。这人叫艾哈迈德,刚和他的太太成立了一家出版社,以出版国际期刊为主。他俩都毕业于 UPenn,也就是宾夕法尼亚大学,艾哈迈德本身是物理学博士。他们都是埃及人,回到他们的故乡去创业。我问他们为什么来找我,他们说很多人跟他们说来找我。原来他们刚从一个欧洲的大出版社买下一个做得不是很成功的期刊,想要把它翻转过来。这个期刊叫《应用信号处理》,也在我的研究领域之中。艾哈迈德非常诚恳地坦白,他的学术背景让他明显不同于一般的商业出版人,再加上我过去的创业经验,让我们之间有共同语言。但是做一个新的期刊已经很难，要让一个新人来翻转一个失败的期刊，那更是难上加难。我很犹豫。

这时正值冬天，我们去附近一个滑雪的山上度假几天，晚上在那雪白的雪道上独自滑行，冷风迎面拂来，那个雪白的宁静带给了我冷冽和清醒，打破了我的茫茫思绪。有了，信息信号处理是一个很实际的领域，从电话语音到电视影像视频，到无线通信，都有着革命性的发展，可是这个领域只有理论性的期刊。这就对了，可以用一系列的不同特别专题，邀约各个领域的出色学者担任领头羊来做特别编辑，每一期一个特别题目。我一下山便跟艾哈迈德说我有翻转的办法，现在只欠东风了。

那东风是什么？就是一个概念，品牌。那些出色的学者不会为一个在埃及的新创出版社刚买的一个失败期刊当领头羊的，我们必须去找欧洲信号处理协会（EURASIP），把这个期刊挂在它的名下，因为他们的期刊没有很出色的，这个新计划可以使他们重整旗鼓，甚至引领风骚呢！果不其然，这个期刊从此就成为EURASIP旗下的期刊。我很快便安排了二十多期特别专辑，从本来一年四期还做不满，变成一年十二期，而且还超出一年多。这个期刊很快便成为领域里大家讨论的话题。EURASIP 从本来 IEEE 的小弟变成了一个平起平坐的威胁，它的运作也从保守演变为积极，这一切竟然要感谢一个来自美国的亚裔。

也正是这时，IEEE 信号处理学会正在发愁他们的旗舰信号处理杂志近几年办得不尽理想。当时学会负责出版期刊的副主席 JM 来找我，希望我可以接过主编之责，但是我必须离开手上的期刊。我跟 EURASIP 谈了原委，他们也理解我毕竟是美国这边的，所以也很爽快地答应。于是我就这么地开始踏上 IEEE 这艘大船，结下未来几十年的缘分。

之前的主编，凡事自己做，也没有团队、组织和计划。这个杂志主要是寄给所有学会成员，必须得有多样性，适合各个不同的族群和领域。我第一件事便是扩大原有的专辑，加上教学式的文章和各种短篇专栏，每一部门各派一个负责人。同时也增加编辑力量，找了不少资深的大佬来积极参与。很快便好评如潮，不仅稿件多，也跨越各个领域。两年后这个杂志在全球 175 个电机电子计算机期刊影响力排名中名列第一。之后，它继续保持顶尖排名，好多次名列第一。这个亮眼的成绩让人刮目相看，于是我被提名为负责学会所有期刊的副主席，也选上了。看似平步青云，可是一场风暴正在酝酿之中。

任何团体都会有政治因素，国际学会也不例外。学会里的七八个期刊的主编，个个都来头不小，都是一时之选、一方之霸，谁也不服谁。一个常见的现象是：在期刊部的会议上，我刚刚讲完的话，别人不愿意表示认同，却是用不同的叙述再说一遍，基本上还是我的意思，但变成了他们的论述。我对此非常反感。更扯的是有一次，前期刊副主席说近期发现很多的论文抄袭，要求修改协会期刊政策，增加有关反抄袭的条文。他在期刊部要求主编们帮他撰稿，因为我已是候任副主席，我便主动帮他写了一篇草稿。不料他竟把这篇草稿发给所有部里主编，说这是他的稿子，问大家同不同意？我私下跟他抱怨，他应该说明白那出自我的手笔，可是他竟要我不要声张，以后才好办事。这个实在离谱，我们正在寻求解决抄袭的法规，而他竟公然一字不漏地抄袭我。我于是径直通报所有主编那稿子是出自我手。这背后有一群既得利益者，他们对于我的崛起——而我又不是他们的同党——已经有了猜忌。

在我正式就任副主席后，有一天，学会领导在一个地方开前瞻性研讨会。学会主席 AH 发来电子邮件说，中间休息时间到我的房间来私下商讨一事。我才演讲完，休息时间一到我便去找他说，咱们走吧。正走向电梯，前主席和学会总干事也走了过来。总干事 MK 是 IEEE 的雇员，全职帮我们这些志愿者处理学会所有的事情。MK 是一个老阿婆，因病而臃肿肥胖，她一辈子未婚，所以学会是她的一切。她能力很强，只是霸气跋扈，人缘极差，但是她待我还不错。

我正诧异为什么他们也来呢，就进了 AH 的房间，那是一个办公套房，有会议桌椅。才一坐下，AH 便递给我一封信，上面只有一行字，写着让我立即辞去副主席职务。这是个无预警的震惊。我还没有反应过来，AH 便说有人控告你施压副编辑来发表论文，这是你的辞职信，请在下边签名。我抗议说这是子虚乌有的事，我从未做过这样的事。他说为了你的名誉你最好签名，我们会说你太忙了只好辞职。我说没有人会相信这个对我的控诉，这不是我做人做事的原则和态度。他继续说你如果不签，我们会送到 IEEE 伦理纪律委员会，他们会取消你 IEEE 的会员资格，到时你将一无所有。

我实在气不过，心想怎么有这么坏的人，好，你们这么下流，我不跟你们玩了。我说，好，我不跟你们争论这个从没发生过的事，认识我的人没人会相信你们的指控，我没兴趣与你们这种人共事。我签了名站起身来。一转头就看到MK站在我身后，正在流泪抽泣，她给了我一个拥抱，我就往外走了。在开门离开前，AH说你不用参加研讨会了，现在马上换机票回家，我们会付所有的机票钱。我没理他头也不回地走了。

到了机场换了下一班机回家，一路边想边觉得不对劲儿。第一件事回想起来便是昨天跟MK开会谈话，结束之前她忽然说了一句话：听着，不要落入陷阱，让能力远不如你的人把你拉下来。我当时没听懂，所以不以为意，难道是MK知情但是不便直言，只能用暗话希望我能听懂？她哭了，是因为我太天真地掉入了陷阱？

AH没有拿出任何确凿证据，也没有任何正当程序，他只是含糊地攻击我，以"我们"的名义，让我以为其他所有人都认为我做了不可原谅的事情，故布疑阵，让我在没有防备的情况下，因意外的重击而签下辞职信。这就对了，怪不得其他四位副主席和候任主席都不在呢！

到家后，我马上打电话给候任主席 JM，他一接电话就说，你到哪里去了？我刚才还问所有的人说这个人是谁，讲得特别好，最有前瞻性，但一转眼人就不见了，你知不知道这是我办的前瞻研讨会，而你竟不当一回事……不等他骂完我便跟他说，我现在在家里。他很惊讶不解，因为研讨会还有两天。我便把原委跟他说，他问道，你真的签了吗？我说，是的。他马上说，你怎么这么笨，你为什么要签？我说，你真的不知道吗？ AH 把它说得好像你们全都要我走，我觉得这很卑鄙，我一气之下不想跟他们为伍就签了。他叹口气说，你没签字的话就好办了，你跟其他四位副主席联络，我们必须从长计议。当然另四位没人知道此事。所以执行委员会的七人中，除了我跟主席之外，其他五人都支持我。其中一位是以前从南斯拉夫来的，他说这让他想起以前他们在苏联统治时期的恐怖，经常有人会忽然失踪不见。这的确是一个卑鄙的陷阱！

他们要我做的第一件事是写信给 AH 说我要撤回我的辞职信。他回说太迟了，他已经找了前任期刊副主席代理了。然后他马上写信给所有理事共十六人说我已辞任，想要把这件事变成既成事实。我马上跟主席抗议，我是理事会投票选出来的，你没有权限逼我辞职，你违规违章。JM 也跟我说，他们在背后讲你很多坏话，你必须雇一个律师，他们才不敢再散播谣言。这时因为职务的关系 MK 已经加入 AH 那边去了。其实她很愚蠢，还亏她事先给我警告，这也是后来她被 IEEE 赶走的原因之一。

AH 要求和我通话来达成一个协议，但并不是让我恢复职位。他们的伎俩是污名化我，以此为由不给我复职。这时我已找了一个律师朋友来帮忙。当 AH 那边知道我的律师也会参加会议时，他们不敢开会了，匆忙取消了会议，因为有律师在，所有的谎话都有可能吃上法律官司，变成造假和诽谤罪了。IEEE 法务部以及 MK 的老板也被告知。这回闹大了，AH 无法私下主导善后了。IEEE 总部接管这个案子，要求 JM 以候任主席身份主持，由执行委员会负责调查报告。然后定下时间，请 AH 和我出席审查会议。

AH 第一次具体说有一个副编辑说我施压，要求我的论文被接受。我说：这个人的确拒绝了我的论文，然后他跟我说，你去帮我引荐 MK 来帮我一个忙，我就接受你的论文。我的回答是：不行，你拒绝的理由是我没按照你的科研方法去做这个研究，我有我的方法，而且不比你的差，你的理由是无理的。同时我还训斥他做学问要讲科学，必须能够容纳不同的意见和方法，这不是宗教，不能只有一个信仰。所以大家明白的确有令人侧目的事情发生，但是过程和结果却是迥异于 AH 的控诉。

原来这个副主编恶人先告状，歪曲事实给他的主编讲我的坏话。这主编过去曾提出一个新期刊的计划，但没成功，而我后来另提一个更大更完整的计划，从而产生了一个新期刊，虽然这人现在是这个期刊的主编，但他不仅没有感激我，因我现在已是他的老板，反而怀恨在心。他便联合另一个主编，此人与我竞争副主席输了，心里也不服气，一起罗织证据告到主席 AH 那边。这些人都是美国和欧洲的白人，想要垄断学会的领导层。我是一个亚裔新起的明日之星，因打败了他们的人，他们一直想把我拿掉，于是出此下策，栽赃诬陷，铤而走险。

为了圆场，最后的判定是：AH 并非出于恶意，只是经验不足，当他收到密报后没有走正规流程，也没有程序正义，而是做了错误的决定,并且没有通报任何人。他们要求我跟 AH 当场握手言和做一个了结。当天那个跟我竞争副主席输了的主编马上跟我道歉,他说 AH 他们跟他要对我不利的证据,他就胡乱编个话顺应他们,以为只是背后讲人坏话,不知道他们会去害人。直到一年之后,在一个国际会议上,我发觉 AH 总是出现在我身边。终于在旁边没人的时候,他鼓起勇气走了过来,他说,我想了很久,经常睡不好,我想跟你郑重道歉。我伸出手跟他握手说,我等你的道歉很久了,我接受你的道歉,我们忘掉这个事情往前看吧。

世上最可怕的事莫过于人类的无知,因为无知进而惧怕不知和未知,从而产生偏见和歧视。多元的文化交流和开放的社会可以让我们互相了解到不同的观点和做事的方法。当我们勇敢地面对并去除掉因为文化时空隔阂而产生的无知,我们便不再恐惧,从而可以接受很多新的甚至以前不能接受的观点和人事物。记得曾几何时,我们把尼安德特人描述成智力不足、住在山洞里的大块头原始人,远比我们智人智力低下。就在 2000 年左右,美国《国家地理》杂志的封面写道,我们的远祖是尼安德特人,原来基因证据显示,除了非洲人,欧洲人和亚洲人都有 2%~3% 的基因来自尼安德特人。我们的几个重要的免疫基因还拜尼安德特人所赐呢！为什么人类会把远祖当成无智的低等人种呢？就是因为我们的无知进而惧怕不知和未知，从而产生偏见和歧视！

历史一次又一次地证明，人类的无知曾造成多少可以避免甚或不该发生的人为灾难。要消灭人类的无知，一个进步的社会最大的课题是如何融合族群，互相了解尊重，创造一个开放和公平的和谐社会。人类也以宗教来填补我们的不知和未知来求得心灵的慰藉。记得有一次朋友邀约我到台北的一个很特别的咖啡馆，那里有着很独特的宗教艺术风格，里面有一个弥勒佛雕塑，旁边写着：

大肚能容

了却人间多少事

满腔欢喜

笑开古今不解愁

这件事从 2006 年 10 月至 2007 年 2 月，整整四个月，那精神和肉体的折磨无法用笔墨形容，尤其是对我名誉上的打击和因未被告知所犯何错而产生的忧虑，我没有睡好过，也花了一万美元在律师费上。那个主谋的主编之后便在 IEEE 消失了，而 MK 也在 2012 年我当上学会主席的时候被她的老板解雇了。千错万错在于我用东方的思考方式，我气不过小人，决定不再与他们为伍，所以签名下去。西方的思考模式则是相反，他们会马上拒绝并且要求拿出证据，继而扬言寻求法律途径。当我第一次跟那些支持我的人通话时，他们的第一个反应就是你签名了没有。当我说已经签下去了，对方的即时反应是沉默。以西方人的思维，你一定做错了事，不然为什么你会签下去？他们后来反应过来支持我，是因为他们认识我，知道我这个人不可能做这样的事。这正是我在签字之前跟 AH 说的话，认识我的人没人会相信你们的指控。一个人的信誉比什么都重要！

我不会再犯同样的错误，在西方社会里必须用西方的态度和方法去面对。虽然这是一个伤心费神的严峻关卡，但是再次用事实证明，当有诱惑的事情发生时，人要选择正道，而不是同流合污。

我的期刊副主席任职到2008年底，这时JM已是学会主席，依例颁发奖牌给退休志愿者。我从他手上接过了奖牌，放在桌上，没有打算拿回家。会议结束时，我便离开会议室，留下奖牌在桌上。没想到没走多远，JM拿着奖牌追了过来说，你一定要把它拿走，你做得非常好，让过去成为过去吧。从此JM便成了我很好的朋友和良师，他帮了我很多忙，我也帮了他不少。他后来成为IEEE主席，我也循着他的脚步，成为IEEE主席。我们的合作对IEEE产生了举足轻重的影响。

十九　云涌

我当学会期刊副主席三年内大力整顿人事和业务，也花了 300 多万美元把所有期刊的库存稿件全部刊登出来。在那时，一篇论文被接受后要等一年才能刊登，因为编列的出版页数不足，这大大影响了我们论文的学术影响力和威望。因此我被顺理成章地提名并当选为信号处理学会主席。那是 2009 年，在学会 60 多年的历史中，我是第一个亚洲来的主席。日本朋友也来跟我恭贺说，他们也很感骄傲有一个亚裔当上学会主席。

IEEE 是一个庞大的国际组织，在全球 200 多个国家和地区有近 50 万会员，拥有 200 余期刊和 2000 多个国际会议；从技术层面分为大约 50 个学会团体，从地域层面全球有 10 个地区和

300 多个分部；一年的营业额接近 6 亿美元，有 10 万名志工和 2000 多名经理与职员。与其说 IEEE 是一个学会，不如说它更似一个跨国企业，有严密的组织和章程。再加上过去一个世纪以来，几乎所有的技术突破都跟电机电子电脑领域相关，所以 IEEE 一直是一个蓬勃发展的国际组织。几乎技术领域里所有重要的人，不论是在学界还是工商界，均是 IEEE 会员。

我在信号处理学会主席任上做了不少改革，第一件事便是公开学会的所有重要事宜。我在学会的重要国际会议上以主席身份公开报告学会概况，从人事、组织到财务和策略，让会员了解学会的近况。一位非常资深的大佬，后来是瑞士著名学府洛桑联邦理工学院的校长，来跟我说，我在学会几十年了，这是我第一次听到并知道学会的全貌，非常感谢你。我也成立了会员部来积极为会员服务。我的团队士气高昂，做了不少新企划，带来很多崭新的气象。

学会主席属于 IEEE 的学术部，里头有将近 50 个各类电机电子信息学会，必须参加一年三次的部会。第一次参加便被这规模吓到。几百位各个领域的领导在巨大的会议厅内像极了联合国的景象。这些人来自世界各地，且都是各领域的专家和领导，所以也是最好的交流平台。记得有一次和生物医学工程学会的主席商量合作到很晚，已是晚餐时间了，我们便走出旅馆找个餐厅吃饭。一进门便看到这天餐厅的装潢很特别，以粉红色的色调加上鲜花，菜单也是。原来今天是情人节，我们这些教授工程师科学家真的没有罗曼蒂克的习惯，真不知今夕是何夕。这时来了一个服务员，看到我们两个男性在情人节一起来吃饭，热情地招呼我们，嘴角露出一丝异样的微笑。我们互看一眼便知这误会可大了，草草点了快快吃完便走人。

IEEE 这样的跨国企业，它的财务报表非常零散，许多人笑称那是意大利面，错综复杂，看不出哪里赚钱，也不知道钱花到哪里去了。原因是长期以来 IEEE 有着各种老旧会计系统，而且各个单位都有不同的软件，无法联通，结果就是一盘意大利面。长久以来，IEEE 的业务蒸蒸日上，几乎每个单位都在赚钱，所以知不知道哪里赚赔多少钱并不是问题，没人在意。可是这并不是一个国际组织应有的态度。知道哪个服务和产品因受欢迎而赚钱、哪里有问题在赔钱是基本经营原则，可用来做最佳的营运决定。其实所有的学会早就在抱怨了。

2013 年，IEEE 首席财务官竟然公开报告要把财务管理费用增加到 30%，也就是 30% 的预算会被挪用到不知名的所谓管理费中，大大增大各学会的负担。如果财务报表清楚列出来，师出有名，那还说得过去，这样不清不楚再下去便要 40% 了，岂料竟然没人反驳。我举手开炮反对，首席财务官竟说这是董事会的权限，你同不同意都没有用，意思是你就不用操心了。会后一些学会会长聚拢过来，我们决定成立一个体制外的草根组织，叫作财务透明委员会，来推动财务透明运动。我们要求全面改革财务报表，并投资新财务软硬件设备，以整合所有资金流。这个财透会一下子就聚集了上百位现任及前任学会会长，形成一场声势浩大的起义。财务部门虽不情愿，但是造反有理，他们只好半推半就地推动改革。这个改革的浪潮逐渐被广泛接受，多年以后（2020 年）IEEE 董事会花费了 2000 万美元购入一套全新的财务系统，最终全面解决了这个问题。

回到 2016 年，这时我是第九学部总监，是 IEEE 董事会成员，代表七个跟信息信号相关的学会。这时的 IEEE 主席是军人出身，他把军事管理的强硬作风带到 IEEE 这个国际组织，明显格格不入。IEEE 的董事会有三十一个成员，代表各个组织，从学会到地方分会到标准部都有，因为这是一个会员的组织。他想模仿一般商业公司模式，把董事会成员减少到六七名，没有任期制，而且有一些还是从外头找。这就起了很大的反弹，可是这位仁兄听不进去，用尽各种方法来操作，迫使其他人接受他的想法。开董事会时，谈到这个议题，我们就会被邀请到另一个会场，像是一间教室，而不是董事会平起平坐的会议桌椅摆设，通过这种操作让我们觉得自己好像矮了一截，在听老师训话。这种感觉真的很不舒服，再加上这个新董事会的概念根本不符合一个会员协会的精神，大家群起反对。我们越是反对，这个军人越是以铁腕相对，所有单位领导的公开反对信都得经过他和律师的审查，还要修改文字，甚至不准用职称头衔。这完全违反一个会员协会民主的本质，有很多人就起义造反了。

这是我在IEEE里见过最离谱的事件，甚至自问我为什么还留在这个组织里。再一次地，当人处在一个特别情势中时，人性的黑暗和光明面就会展露无遗。有一些人，个性、能力和成就比较差的，就会屈服于淫威而趋炎附势，也有人能仗义执言，不愿臣服于压力。我在董事会当众质疑他们到底用什么法条规矩，可以修改单位领导的书信，之后一位日本人，他是代表亚洲的会员董事，竟跑到我的旁边送给我一个礼物说，我太喜欢你讲的话了，你真有勇气。后来这位日本人也成了 IEEE 第一位亚裔主席。可是有一些支持这个军人主席的人，从此不再跟我讲话。后来这个议题被 IEEE 大部分会员投票反对，结束了一出大闹剧。

平息了这场风暴，我也顺利选上了负责所有学会的学术部的副主席，这是 IEEE 最大的一个单位，IEEE 80% 的收入来自这里，这个学术部的副主席有着举足轻重的分量。我是 IEEE 有史以来第一个选上这个职位的亚裔。同时 JM 也选上了 IEEE 主席，他的过程还真的曲折。他的资历和学术成就远在其他候选人之上，在上述闹剧上演时他是学术部副主席，代表学术部反对，我跟他并肩作战。可是那位主席和他的支持者在董事会最后一关，硬生生地在所有董事面前拿掉了他的候选人资格。这对他来说是一个奇耻大辱。

会后几天，我给 JM 打电话，是可忍孰不可忍，现在只有最后一个办法了，我提出帮他发动会员请愿，争取拿到四千个签名，这并不容易，但是我们可以做得到。还好有四个月的时间来做这件事，要在没有通讯录的情况下从全球会员手中拿到这么多的签名着实不易，但我们还是做到了。JM竞选诉求的主旨是消除这些乱象，得到很大反响而大胜。选后他给我打电话说，没有你的支持，我不会选上IEEE主席，这完全是你的功劳。其实他可能忘了，就在十几年前他才帮我渡过我被诬陷的难关，这时拔刀相助是我应做的事。我同时也选上学术部副主席，我们携手做了很多重要的改革，其中一件便是财务系统更新。

再来便是我被提名为IEEE主席候选人，这时前主席和他的部旧都在提名委员会。每个候选人都得经过提名委员会通过后，才能交给董事会做出最终决定。我在跟提委会面试会谈后，JM问我如何。我说非常好，应该没有问题。他说，你最好找几个董事谈好，准备做董事会的请愿签名，我跟他说你太多虑了，因为除了答辩顺畅，我的经历成就也是最好的，所以信心满满。结果名单一公布，只有两个名字，但是没有我。JM是对的，姜还是老的辣。

只有两个名字的情况以前从未发生过，为什么呢？因为董事会必须至少提名两人给全球会员选择，所以提名委员会通常会提出三人或更多的名字给董事会去做最后的筛选。只提两个名字给董事会是不给董事会有任何选择的机会，完全藐视董事会和现任主席 JM，同时更明白宣示其他候选人根本不够格。这一次又到了是可忍孰不可忍的程度。虽然 JM 事前给我警告，但我丝毫没有防备。于是我马上联络董事会成员请求支持请愿签名，不到一个小时，我便从世界各地的董事手中拿到足够的签名而成为候选人，尔后董事会更是几乎全员大力推举我成为主席正式候选人。

选举期间我得到世界各地会员们的广泛支持，尤其是散居各地的华人。最终在 IEEE 全球的十个地区里几乎全赢，大胜另外两位对手。

就在这次选举期间（2020 年左右），新冠疫情大暴发，全球一下子陷入前所未有的困境，几乎整个地球都在封锁，所有日常运作全部停摆。旦夕之间，整个社会的运作忽然彻底改变，所幸现在的网络通信科技可以支持虚拟会议与通信。当面对从未见过的病毒，我们看到了生命的脆弱与无助，同时我们也看到了人类社会对这种危机处理的韧性和决心，尤其是利用电子科技来维持虚拟运营，利用生化科技来开发疫苗，通过政经政策让社会有持续的喘息生存空间。经过两年多的努力，终于，整个世界逐渐恢复元气，慢慢地回到正轨。

我从 2020 年当选 IEEE 主席，2021 年成为候任主席，到 2022 年正式成为主席，经历了完整的疫情时期，带领着一个会员分布在全世界的跨国组织，且各国都有着不同的疫情和措施，充满了挑战。我们利用这个契机来反思，从而领悟我们面对的困境的根源，重新检讨并制订出一套完整的计划与改革举措。我把让 IEEE 成为"全球工程和技术社群的专业家园"的愿景作为我任内的工作主线。我在任内顺利完成了很多重大改革。比如，亚太区因会员激增至总会员的三成多，可是亚太地区只有一个董事代表，将其重划成两区的计划已经吵了五年多，终于在我任内通过。另一个是 IEEE 会士选拔机制的改革，也是吵了三年，在我的运作之下，终于完成。我也积极利用一切机会吸引 IEEE 的下一代——我们的学生和年轻专业人士，导致 2022 年全球学生会员人数增加了近 20%，这是前所未有的成长。同时我们成立了一个专门委员会，包括了各领域的专家，来预测 2050 年前世界的概况并提出 IEEE 未来三十年的发展蓝图。IEEE 是一艘大船，只能慢慢修正航道，一个船长必须画好未来的航行图，渐进引导。

在这个大家庭里，我结交了很多来自各国各地各个宗教的朋友，他们不仅丰富了我的学术生涯，也让我对世界文化和人生有更深一层的理解。有一位非常要好的日本朋友 SF，他是日本语音信号处理最知名的学者之一，拿过日本和 IEEE 很多大奖，也被日本天皇颁赠最高的紫星勋章。他比我大十六岁，但是精力充沛，走得比我还快。当他从东京工业大学退休时，他还请我去学校为他办的退休仪式演讲。我们曾一起创立了亚太信号信息处理学会，来凝聚亚太的学者们。他还当过丰田集团在芝加哥设立的丰田技术大学的校长，有六年时间每两周一次往返于东京和芝加哥之间，真是铁人。他到过我这里，我们还一起打网球，一起打败对手。有一天他跟我说他确诊为胰腺癌四期且癌细胞已转移，已时日无多。这真是晴天霹雳，尤其是我经常说他有长寿基因，因为他的父母都已 90 余岁，仍然健在。他辞去了所有职务，但是仍然敬业地参与各种活动。那是 2020 年，正值新冠疫情期间，所有会议都以视频方式参与，只看到他渐渐秃顶了，也越发苍老，但是病情似乎稳定，他仍然乐观正面。

到了2022年7月下旬,他给我捎来消息,说他病情已急剧恶化,恐怕只剩几天的时间了。我急忙问他可否视频,我们约好隔天。这是生死最后的诀别,他经过约两年与病魔的斗争,已经接受这个命运,他很镇定,没有哭,可是我已泪流满面。我跟他说:对不起,因为疫情期间,日本还在封锁,我没办法来看你,一旦解封,我一定来看你,请务必撑下去。SF说那是不可能的了,谢谢你的友谊,我们来世再见。当时我是IEEE主席,我有一支有IEEE标识的钢笔,是我打算见面时送给他的礼物。我马上请我IEEE的助理准备一个卡片,上面以我的名义写下谢谢SF一生对IEEE和学术上的巨大贡献,附上钢笔火速以最急件邮递去日本。之后就再也没有他的信息了。几天之后,IEEE日本同事开始传递SF过世的消息,这在日本是个大事。我不知道我的卡片和钢笔有没有及时赶到。几周之后我收到SF遗孀的电邮,她说:SF很感激你过去对他的帮助,他在过世的前一晚收到你的卡片和钢笔,也很感谢在他走之前能得到IEEE的肯定,他很珍惜这支钢笔,最后他很安详地走了。两个多月后,日本已解封,我也到日本参加IEEE的会议。我特地去SF家一趟，我在他的遗像前跟他说，我来看你了。那支钢笔和那张卡片正在他遗像前的供桌上，我不禁泪水又涌了上来。

因为 IEEE 是一个世界级的组织，任何地区性的冲突也都会影响到它的运营。以俄乌冲突为例，在战事发生的隔天，乌克兰分会会长便希望我能够表态支持乌克兰，并且把几千位俄罗斯会员全数踢出 IEEE，不准 IEEE 的会议在俄举办，也不允许任何期刊被俄任何学校和研究机构订阅。当然这已超出 IEEE 组织章程所能做的事，我便问法务和公关部门怎么办。那天是星期五，星期一一早我便收到一份我们的公关顾问公司提交的报告，它说这个事件不管我们说什么都会有人不高兴。IEEE 的组织架构中没有国家概念，只有会员。虽然会员在一个国家或地区可以形成一个分会，可是跟 IEEE 的关系还是会员与组织的关系。报告说此时此刻没有任何国际协会说任何话，所以不建议 IEEE 说任何话，如果要说的话，建议只说一个中性并合乎组织主旨的陈述，IEEE 和它各地的会员支持追求世界和平。首席运营官建议我们不要做任何事，因为 IEEE 是一个非政治组织，是个百年老店，连第二次世界大战都没有出来说话，并且每天世界各地都有争端，我们如果要说的话会说不完，不能顾此失彼，尤其怕被别人说我们只管欧洲的战争，其他穷地方有色人种的战争就不讲，不如先静观其变。我说我们不能每次都要先看别人做什么，我们也应该带头去做对的事，做应该做的事。这件事已经有会员提出要求，我们得做一些事，不能不做。所以决议在星期一下午在各社群媒体发布告说，IEEE 和它各地的会员支持追求世界和平。结果呢？乌克兰分会会长马上便在社群媒体说我们做的太迟太少，并批评我没有勇气，一些乌克兰和波兰的会员也上网发了一些人身攻击的帖子。还真是无奈，殊不知这次 IEEE 还是有勇气第一个带头讲话的。

其间我有一个大计划没能顺利完成，但是我持续用未来的三年终于达成心愿。过去一个世纪以来，从发明灯泡、电报电话到电视，而至于半导体互联网，到今天的手机，所有我们周遭的电子信息产品，不仅人人可以使用移动互联网，还可以通过视频通话让千里之外的人像见面一般。这一切的一切无一不是 IEEE 的各个领域对人类文明的贡献。但是这个领域并没有得到它应得的认定和奖赏，诺贝尔奖并不包括电机电子信息领域。大约十年前谷歌提供了百万美元资金给图灵奖之后，图灵奖也变成了尽人皆知的大奖，可是它仅仅包括计算机领域。电机电子信息科学的贡献绝对不亚于基础科学和计算机，于是我成立了一个委员会，考虑把 IEEE 的最高奖——IEEE Medal of Honor，也就是 IEEE 荣誉勋章——从 5 万美元增至 100 万美元。可是年底他们仅提出一个增至 10 万美元的方案，因为他们的思维仅止于 IEEE 基金会能力可及的范围，一个百万美元奖金会让这个小基金会破产。我只好说，好吧，至少 10 万比 5 万更接近 100 万。

可是我并不气馁。再下一年我的角色变成了前任主席，担任策略联盟委员会主席，我继续自己主掌这个计划。我们联系了好多个世界级的大企业的创始人来募资，因为只有这些人出得起 3000 万美元的捐款。但是各个企业都有不同的借口，只有华为愿意对话。我在 2023 年 10 月底至华为在深圳的总部见到创始人任先生，他很大气地慨允了这笔捐款，甚至不必用上他的名字或是华为的名义。虽然只有一面之缘，我对任先生的眼界胸襟由衷地佩服。可是 IEEE 董事会仍有地缘政治上的忧虑不考虑接受，说到底它还是一个美国的企业组织，必须符合美国法律。我于是在 2024 年 5 月的董事会说服各位董事，既然如此那就以 IEEE 自己的资金来成立一个 200 万美元奖赏的 IEEE 荣誉勋章，全数无异议通过。从 2025 年开始，这将是全世界最高奖项，高于诺贝尔奖和图灵奖的百万美元奖金。董事会通过这个决议之后我跟他们说，多年之后你们会记得今天这个历史性时刻，我们共创历史和树立一个新的里程碑，这是电机电子信息界的荣耀。从此以后 IEEE 将迈向家喻户晓的时代。

就在 2025 年 2 月，这个 200 万美元大奖第一次颁给博通创始人山姆利先生。很巧的是他在 1990 年时是 UCLA 的副教授，也是我博士论文的口试委员之一，我同办公室的同学大都是他的学生。他在第二年离开 UCLA 创办博通，很多同学参加了他的新创公司，多年之后博通上市，这些同学个个都是新贵。IEEE 找我和现任主席一起给山姆利先生颁奖。我跟他说，你的成就让我们深刻认识到做工程技术的研究不能只是写一些论文，能够带给人类福祉、创造美好生活的工作才是真正有影响力的事情。

这里还有一个小故事。当我是 IEEE 主席、颁发 IEEE 荣誉勋章给 2022 年得主 AM 时，我们在宴会同桌吃饭。AM 当着众人面问我说，你是不是已是国家工程学院院士？我正诧异怎么有人会在这么公开的场合问这个话题，我说还不是。他竟然接着问，为什么不是？大家都看着我，我也不知如何应对，只好两手一摊笑笑了事。其实大家都知道这是个黑箱作业，只有院士们才可以在背地里提名，没有关系的或是没有被提名的都不会有机会，我也未曾积极争取。饭后 AM 把我拉到一旁说，我看过你的资历，你早已够格，我原以为你已是院士，这就是我问为什么你不是的原因。你必须被提名才有可能选上，这个我可以想办法帮忙。在那之前 AM 与我素昧平生，从未谋面，更遑论旧识，我很感激他的知遇之恩。我们后来也成为好朋友，一起在我的委员会帮我把 IEEE 荣誉勋章提升为全世界最高奖金的奖项。

IEEE 是世界上最大的专业协会，在 200 多个国家和地区有着近 50 万会员。我时常在想什么是"大"。英文有两个字跟"大"相关，"big"和"great"，前者的大是巨大，后者是的大是伟大。IEEE 可以不必是最大的专业协会，但是它必须追求伟大。只有伟大才能使人发自内心地尊敬而源远流长，而一个受人尊敬的组织不需要巨大。这也和我们为人处世一样，我们是追求做大人，也就是大官呢，还是做个平常但受人尊敬的人？一个受人尊敬的人可以是任何市井之人，天天兢兢业业地尽忠职守在各行各业，不必是个大官。反之亦然，追求上位的人，纵使上位仍然未必受人尊敬。

新冠疫情带来危机，也带来人们改变的期望，这正是一个契机。我任内有十多个重大方案，全数通过。包括新选上的主席在内，有不少人来跟我说，我会议主持得非常好，要以此为榜样来学。可是他们只知其一而不知其二。他们看到的是我顺畅的议事运作，几乎所有我支持的方案都能顺利通过。但那只是表面，更深层的一面他们没看到，那就是大多数董事信任我的人格和我领导跟判断的能力，唯我马首是瞻。让大家信任而心服口服才是关键所在。很多人包括前任主席跟我说，你是我在 IEEE 三四十年来所知道的最杰出的主席之一。也有人说，你所做的一切都是遗产级的。这个肯定也是对亚裔可以在世界舞台上当上主角的肯定。

很多人问我为什么选择去参选 IEEE 主席，其实我从未主动去追求更上一层的职位，只是每次都有同侪积极推荐。我参与竞选 IEEE 主席有几个重要原因。虽然有日本人当选过 IEEE 主席，但是他当时只赢得了亚太地区，其他地区都输。我要确定一个亚裔，尤其是华裔，可以在全球得到广泛的支持而赢得主席的位子。同时我也要确定一个亚裔也可以当上杰出的主席，做出重大的贡献。我要打破这个玻璃天窗，打破这个西方人对亚裔的错误观念。从此之后这便是一条通道，任何族裔任何人都可以以能力坐上这个职位。那这个天窗有多厚呢？记得曾有几次 IEEE 的职员位阶最高的 SW 和我一起接见政界工商界的领袖，这些人不是 IEEE 的会员。很多时候，他们一看到我们俩站在一起，直觉上便认定 SW 是老板，都会先跟 SW 握手。当然 SW 来 IEEE 之前曾是美国国防部助理部长，位阶等同四星上将，还有自己的官旗。殊不知在 IEEE 里 SW 是首席运营官，直接对我这个主席报告。可是当一般人，甚至亚裔，看到白人和亚裔站在一起的时候，下意识地会觉得那个白人一定是老板。俗话说冰冻三尺非一日之寒，这三尺厚的天窗不是一天形成的。

在我主持的最后一次董事会上，全体通过宣读决议纪念咨文并起立鼓掌致意。其文如下：

> 鉴于在 2022 年 IEEE 主席兼首席执行官刘国瑞的领导下，IEEE 努力在疫情期间保持活力，并在充满挑战的一年中取

得了巨大成就，为重新构想和试验各种模型、服务、产品和解决方案提供了绝佳机会，以满足我们会员的多样需求；

鉴于刘主席实现了让 IEEE 成为"全球工程和技术社群的专业家园"的愿景，为 IEEE 提供了新的契机，让个人在整个职业生涯中有一个永久的家园，可以借由 IEEE 的价值主张，广泛地参与不同社群并进行更有效的沟通；

鉴于刘主席利用一切机会吸引 IEEE 的下一代——我们的学生和年轻专业人士，包括"IEEE 作为您的专业家园"活动以及利用广泛的社交媒体推广，导致 2022 年全球学生会员人数增加了近 20%，是前所未有的两位数成长；

鉴于对 IEEE 会士的遴选过程进行了改革，以加强程序、机制和评估标准，并增加合格提名人的多样性，以更好地反映 IEEE 的组成；

鉴于，为了确保 IEEE 全球会员的公平代表性，我们批准了长达数年的重新配置地理区域代表的工作；

鉴于刘主席通过增加 IEEE 荣誉勋章的奖项金额，以及构思 IEEE 荣誉勋章书以庆祝 100 多年的荣誉勋章历史，努力提升 IEEE 奖项的声望、地位和知名度；

鉴于 IEEE 2050 年倡议，包括发布《IEEE 2050 年未来发展白皮书》，旨在帮助 IEEE 制定长期策略，为未来做好准备，适应并将不确定性转化为契机；

鉴于，作为 IEEE DataPort 的创建者，刘主席引导人们在数据和分析领域寻求开放科学和可重复研究的新机会；

因此，IEEE 董事会决定向 2022 年 IEEE 主席刘国瑞表示感谢，感谢他的领导、指导和韧性，确保了 IEEE 即使面临前所未有的挑战，仍然保持为一个强大而敏捷的社群，我们致以最诚挚的祝福，并期待他继续为 IEEE 推动科技造福人类的使命做出贡献。

2023 年 11 月 20 日

我同时也鞠躬回敬说：

我要感谢你们每一个人所付出的时间、你们的支持和你们的远见，和在整个疫情期间为我们非常珍惜的专业家园做出的共同努力。我从内心深处非常自豪地说，IEEE是我的专业家园。

当初我决定竞选主席职位，是因为我想回报IEEE社群为我所做的一切。我很高兴也很荣幸为我们的会员服务。

如果你问我，我最珍惜IEEE的什么，我会告诉你，这是与世界各地不同文化、背景和生活方式的人们建立友谊的机会，因为每个人都能贡献独到的智慧。我也受到IEEE核心使命的启发，即"推进技术造福人类"，这也正是我立志成为科学家和工程师的本心。

因为我热爱IEEE，所以我想证明IEEE可以而且是真正的多元化而有包容性。我是信号处理学会第一位来自亚洲的主席，我是学术部的第一位亚裔副主席，我是第一位华裔IEEE主席。我这样说并不是为了我个人的荣耀，而是想告诉全世界和我们的会员，在IEEE，来自各个不同文化背景的人不但可以担当大任，并且能够产生巨大影响。

我珍惜与你们的许多美好回忆。最重要的是，我珍惜与大家的友谊。我们拥有共同的专业语言、共同的热情以及定义我们是谁的专业家园。

我很骄傲我们一起取得了很多成果。但一切都将结束。与你们的合作是我的荣幸和谦卑的经验。是告别的时候了。如果我可以用一句话来形容，那就是："老兵不死——他们只是逐渐凋零。"

这位老战士将继续以任何有意义的方式为IEEE做出贡献。我只是将火炬传递给你们。我相信，有你们在，IEEE将会有一个美好的未来。

非常感谢！

这时全体董事和在场的人再度起立鼓掌。

二十　异域风情

学术生涯和在 IEEE 的活动是世界性的，各种会议轮流在世界各个角落举行。会员们都很想把世界各个领域的专家学者带到他们的国度，一起交流，不仅仅在技术层面上，更深的一层在于增进友谊和对彼此文化的学习。我常跟我的学生说，做研究要有高远的眼界和宽广的胸襟，眼界决定格局，胸襟决定气度。这不是每天在实验室里能磨炼出来的。多出去走走，看看这个世界有多大，有多少不同的人和文化，和他们交流，你就能提升自己的格局和气度，做出更好的东西。

记得是 2001 年第一次去埃及，到时已是深夜。邀请方派人来接机，一出机场便是一条直通开罗市区的高速公路。进了市区车子还是继续高速行驶，前面就是红灯了，车子速都不减地直驶过去。我正惊讶当中，车子又直直穿过另一个红灯，也没有一点慢的迹象。我不解地问，你们这里是红灯通行吗？不是的，绿灯通行，那司机边开边说，一副没事状。可是刚刚那两个不是红灯吗？啊，对的，现在是半夜，没有关系的。就这么心惊胆战地到了旅馆。隔几天，朋友找私人向导带我去博物馆和金字塔参观。这个司机错过了高速公路的出口，过了约一百米。他停了下来，不慌不忙地倒退，我坐在后座，吓得半死，直往后看，心脏扑通扑通跳个不停，看到后面几辆大货车正赶紧变换车道，以免撞上我们。到了路口，一个交通警察站在那儿直瞪着我们，大概见怪不怪。司机给他比个道歉手势，装个鬼脸，忽地赶紧下匝道。

在埃及开会，主办单位竟都以法式餐点为主。原来埃及曾是法属殖民地，开罗曾经有东方巴黎之称。此东方非彼东方，这就有趣了。我实在想尝尝地道的埃及料理，于是到会馆二楼，那里有好几个餐厅。我说我想吃埃及料理，应该选择哪一家？哦，Oriental food，你可以去这家，服务员说。不对不对，我要吃地道的埃及料理，不是亚洲的食物。这家有最好的 Oriental food，正是您要的，他又说了一遍。我心想，真是鸡同鸭讲，他把我看成亚洲人在找亚洲食物了。好吧，就进去看看，这时我才恍然大悟。原来一百多年前，从西欧到那时最东边的所谓近东地区，像是土耳其、埃及之地，都被称为 Oriental，此 Oriental 为近东，是欧洲人的概念，非吾之 Oriental（远东）了。所以埃及人称他们的食物为 Oriental food。而开罗的东方巴黎之称，也指近东，而非远东了。曾经有一部很出名的书跟电影，《东方快车谋杀案》，就描述了这个文化差异产生的误会。

在国际会议期间，大家经常一起出去吃饭。苏格兰人看到每次饭后亚裔都会争吵，抢着结账，他们便说，在苏格兰吃完饭之后我们也争吵，只不过我们吵的是你要付钱，而不是我要付钱。他们听到埃及车子闯红灯的故事，竟说在我们苏格兰也是如此，红灯照闯，但是看到绿灯会停下来。有人便问，所以你们的交通规则是红灯行绿灯停吗？不是的，你绿灯不停的话，会怕那边闯红灯的车直闯过来。这太扯了！

欧洲的旅馆通常都会有早餐，水煮蛋一定有。还有一个小架子或是小杯子可以把蛋放在上面，打破上边的壳，撒上些盐和胡椒粉，用一个小汤匙挖着品尝，很是惬意。这比拿起整个蛋一口吃下文雅多了。不一样的是德国人吃的是七分蛋，也就是说把蛋放在沸水里煮七分钟，蛋黄刚刚熟透，而法国人吃六分蛋，蛋黄已熟但还是流膏状。我曾经买过这种蛋架子，打算也当个文雅之人，可是回家后从没如此吃过，还是那么的一口吞。在美国总是匆匆忙忙，好像没有时间，欧洲人还是比较懂生活。在暑假期间，欧洲人通常会有一个月不见人，到处玩去，而美国人则是每天工作……

有一次去德国杜伊斯堡演讲，到时地主兴致勃勃地要带我去吃法国菜。我跟他说，我才从巴黎过来，这里是德国，我想吃地道的德国菜。他说，最地道的德国菜是德式香肠，那是贫民食物，也就是我们说的平民美食。太好了，我就是要尝尝这个世界出名的德式香肠。在那期间，他还带我去逛乡间小镇的集市。镇上的人摆摊位卖着他们自己种的或是做的东西，女士们还搭建舞台表演时装秀，当然少不了的是很多的德式香肠摊位。原来每个小镇都有自己独家配方的香肠，各具特色风味。有一次在慕尼黑点了一个从没见过的白香肠，端来一碗清汤，里头有两根白肠，拿汤匙正要喝汤，那服务员赶紧跑来说，不行不行，这个汤只是泡香肠用的，不是喝的。然后拿起叉子正要一口咬下，他又急忙跑来说，先生这个皮是不能吃的，他拿起刀帮我把白肠切开，分离开皮说，就吃里头的肉。因此上了一堂如何吃白香肠的课。在杜伊斯堡大啖香肠时，墙壁上贴了一张海报，宣传慕尼黑啤酒节，也就是有名的十月节。上面画着一个快乐的高个儿妇女，两手拿了十个大啤酒杯，在开怀大笑。那正是我在慕尼黑啤酒屋看到而无法忘怀的一幕，当地妇女真的可以每根手指都挂着一个特大号啤酒杯，左右各五杯，来到桌前，砰砰砰地在客人面前重重放下。我揣摩我两只手大概也只能各拿两杯。演讲完毕，忽地听到一阵轰隆巨响，吓了一跳，以为发生了什么事。一看台下每个人都在用手指敲击桌面，一问之下才知道原来这是德式的拍手鼓掌！

离开时，得坐火车去巴黎转机。德国的火车真准时。广告牌上写着几点几分到，就几点几分到，哪几节车厢是一等车厢或是餐车，清清楚楚，而且也准时发车。上了车找到一个厢房，里面坐着一个西装打扮的男人，像是个经理。我们对向而坐。他问说，你是从马来西亚来的？我说不是，从美国来，但是我在中国台湾出生，你为什么这么问？啊，我以前因公常去马来西亚，我那儿有一同事，长得跟你很像。我看他手上拿着一本英文书，书名是"了解德国人在想什么"。我问说，你不是德国人？是啊，我是德国人。那你为什么还要读德国人在想什么。哦，我想知道别人怎么看德国人，怎么想德国人在想什么。火车到了科隆，我得倒车去巴黎，但是广播都是德文。他翻译说到第几月台是去巴黎的火车、怎么走。我们就这么道别。记得在德国开会时，德国会议组织主席曾在欢迎致辞中说道，当德国人不在开车或骑自行车时，他们都是很好的人。他是对的，有一次不小心站在人行道旁的自行车道上，愤怒的人急按着铃声骑车呼啸而过。回到家不多久，杜伊斯堡的小旅店来追讨房卡，当时急着赶车忘记还了。他们说这个卡他们得拿回继续使用，德国法令规定，为了环保，不能任意丢弃。我急忙把卡片寄回，那个邮费恐怕是房卡的几倍。

说到巴黎，那是我印象里最美的大都会。它优美的都市设计和大方的风格充满了文化气息并受到欢迎。我喜欢坐上那双层游览大巴的上层，沿着它的路线，在巴黎漫无目的地到处游荡。想下车走走就下车，看看各个景点和博物馆。有一次在一处下车，街上到处都是餐厅，人人都坐在外头悠然自得地谈天说地。

我也找了一家坐下，点了一杯香槟和一碗法式洋葱汤，远眺埃菲尔铁塔，真是惬意。巴黎人喜欢吃生蚝和煮蚌，其实法国料理偏淡，以原味为主。真正的法式饮食三大宝是面包、奶酪和酒。面包还得有很碎的皮，扒时有碎裂声才够格。每次吃完牙龈都会痛，心想法国人的牙齿牙龈实在厉害。巴黎俗称不夜城，晚上灯火既起，正是最美的时候，也是巴黎人浪漫夜生活的开始。我最爱在香榭丽舍大道上溜达，那两边高大优雅的梧桐树，把一条宽阔又不失大方的世纪大道衬托得格外迷人。尤其是在凯旋门附近，真有文化大国的风范，不知不觉便在香榭丽舍大道上走了几趟。

大道的另一头是人人必看的卢浮宫博物馆，地面上有着贝聿铭设计的玻璃金字塔，对称着古色古香的卢浮宫，曾被很多巴黎人说成不伦不类，可是也为很多人所称赞。当初埃菲尔铁塔刚刚建成时，也被法国卫道人士骂翻，可不知曾几何时它已是巴黎的地标。法国人在艺术创作上喜好大胆前卫，他们的艺术成就带来全世界的尊敬。卢浮宫里最有名的便是《蒙娜丽莎的微笑》了，可叹的是那是意大利人达·芬奇的代表作，找了半天终于在一个角落里看到这幅名作，看了半天也不知道为什么她的微笑这么出名。难怪我只适合从事科研，只配在香榭丽舍大道上走路！在巴黎圣母院旁是有名的拉丁区，各国料亭云集。有一次走过一家摩洛哥餐厅，老板说请进，顺便送你一杯摩洛哥酒。吃了几天法式清淡饮食，心想换换口味也好，就走了进去。第一道菜是摩洛哥塔吉，那是一个尖头的密闭陶锅，专为小火慢炖用的，里面是羊肉，才吃一口，便觉得惊为天人。那腌渍的柠檬和地中海酸豆带来了我从未尝过的北非地中海风味。本想搭末班火车回酒店，现在不管了，慢慢品尝，待会儿再慢慢散步回去吧！

曾经有几年我常去丹麦，因为有一个丹麦技术大学的教授 JS 是好朋友，常找我去演讲和授课。那边靠近北极，冬天白日很短且阴雨绵绵，所以自杀率很高。5 月来时天气开始回暖，他们喜欢在户外晒太阳，所以丹麦人特别喜欢户外活动。这位老朋友找我去他家吃饭，就在一个湖边上，环境非常好。他们的食物很简单平淡。JS 太太买了一块上好的牛里脊肉，放到烤炉里烤熟后淋上大蒜和奶油的汁，配上马铃薯和沙拉就是宴客菜了。北欧是有名的社会民主制度，税率奇高，听说高达 60% 呢。但是卫生、保健、医疗和就学全部免费，而且质量很高。他们国家很有钱但是个人的储蓄有限，JS不知道要带我去哪里下馆子，因为他们很少出门吃饭。我每次去吃几天的丹麦馆子的平淡食物，五脏庙就受不了了，想吃一些更有味道的东西，还好那边有很多中东来的烧烤和印度料理。我跟JS说你们的糕饼比餐点好吃，他半承认半笑着说，这真是侮辱。

有一次JS带我来到哥本哈根北方一个赫赫有名的城堡克伦堡。为什么出名呢？原来莎士比亚的《王子复仇记》就是以此城堡为剧场。事实上《王子复仇记》讲的是丹麦故事，被莎翁搬上国际舞台。这个地方临海，对岸就是瑞典。以前丹、瑞之间经常打仗，只要海水一结冰，不是这边打过去便是那边打过来。所以克伦堡是一个军事要塞。我们到地下室参观，门跟天花板都很低，很多时候都得低头走路。导游说以前这里是士兵住的地方，上边城堡是大官住的。我便问丹麦人这么高，如何住在这里并且走动呢？导游说，以前的丹麦人不高，在这走动不用低头弯腰的。他还指着酒窖说，这里的士兵只喝啤酒。我又问，怎么这么好呢？他说以前卫生条件不好，没有下水道，人的粪坑和动物排泄物经常污染水源，从而引发疾病。这些士兵必须随时戒备以防瑞典人打过来，所以不能喝水，全喝啤酒了。我在想，每天喝得酩酊大醉的士兵如何打仗呢？我就不再追问，料想他也没有答案，怕他认为我在找他麻烦。

其实英国食物也是如此，平淡无奇，最有名的就是炸鱼排和薯条了。第一次去伦敦参加会议，到了英国咖啡休憩变成茶憩。我点了一份英国茶，服务生给我的时候我跟他说，我点的是茶，不是咖啡。那人连忙说，对的，这就是你点的茶。原来英国人喝的茶就是奶茶，看起来和咖啡一模一样。在英国下馆子得特别小心，那单价看数字和美国的差不多，可那是英镑，我去的那个时代英镑和美元的汇率几乎达到一比二。这些靠近北极的人，他们的头发大多是金黄色的，可是那是在日晒多的时候，到了冬天就会变成棕色。以前我有一个来自冰岛的学生，他带他太太一起来见我，他太太有着金黄色的头发，可是过了一阵子，他又带来一个棕发的女子。那时染发还不是很流行，我纳闷了一阵子，直到一天我问起，他才向我揭开头发变色的秘密。冰岛人吃很多鱼干，是为了过漫长严冬。所以他送我的东西就是一些冰岛鱼干。

说到英国人、法国人、德国人，IEEE 的会议上每次都有这些人，有一次一起吃饭，酒过三巡，略有醉意，这些欧洲人就开始开玩笑互相揶揄起来。有人说，你们知道天堂的人都在做啥吗？德国人当工程师，英国人当警察，法国人当厨师。有人问，那在地狱里呢？那人回答说，那转一下就变成了地狱，德国人当警察，英国人当厨师，法国人当工程师。大伙大笑，干杯畅饮，好个天堂与地狱！

第一次到意大利要坐火车，奇怪怎么没有检票的地方，原来它的站台跟火车站是开放式的，畅行无阻。火车也刚到，以为上车才买票，就上了车，到目的地还没人来要求补票。后来才知道，原来票是要买的，站里有机器可以买票，但是这是信誉制的，他们认为人人都会守法。我之后就会先找机器买票。乘务员偶尔会在火车上查票，没有的话会罚得很重。记得捷克共和国的布拉格也是这样。有次在火车上碰到验票的，他们专找亚裔验票，可能是亚裔或是外国人没有买票的比例比较高吧。话说意大利人坐火车守法，但他们的餐厅却以欺骗著称。有一次去佛罗伦萨开会，有的餐厅加入不知名的税，问起来无法自圆其说；有的听我们讲英语知道是美国来的，就主动加上18%的服务费；总之各种名目都有。小费在欧洲是随意给的，不像老美的大亨现在给到 20% 了呢！

维也纳是巴黎以外我最喜爱的欧洲城市。这两个城市的共同之处在于都是上千年的大国首都，由于没有遭受二战的摧残，面貌几乎全部保留。作为盛极一时的奥匈帝国的首府，维也纳宫殿和博物馆林立，它就像是一个小巴黎，走路可以到任何地方。它还是欧洲的音乐之都，莫扎特的音乐节目到处都有，施特劳斯的华尔兹圆舞曲也曾经是宫廷贵族的最爱。它曾经是一个高贵的公主，虽然已经脱下宫袍换上布衣，仍然掩饰不了那曾经的高贵。到维也纳一定得吃的当地名菜是 schnitzel，一块用小牛肉打得很薄然后裹上面包粉油炸成金黄色的大肉排。走在街上，几乎家家餐厅每个餐桌上都在吃金黄色的大肉排。渐渐地维也纳也和大肉排画上了等号，我必定吃上几回才肯打道回府。

我参加了一个沿着多瑙河的游船溯河之旅，一路欣赏沿河的美景，看到很多古堡砌在临河的山壁上，大都已凋零，风华不再了。下船之后我们被引领进入一个很大的宫殿。穿过崎岖的长廊和上下蜿蜒的楼梯，最后终于到了主展厅，正中央有一个宫殿模型。此时来了一个年轻导游，她很骄傲地劈头就问：你们能不能告诉我你们在哪里？一边指着那个巨大的模型。我马上指出我们的所在地，她吓了一跳说，你来过？她有点不敢置信，因为这个宫殿真的又大又复杂，所以她才敢骄傲地挑战我们，给我们来个下马威。殊不知我方向感极好，当我东转西转上上下下时，我心里一直牢记着我们走的方向和距离，一到这个展厅时我已经回溯到我们的所在地。今天她算是碰到一个工程师兼科学家了，我们这种人什么事都喜欢追根溯源的！

有一次被邀请去克罗地亚的杜布罗夫尼克的一个会议演讲，一到便为之惊艳。这个中世纪的小城美极了，就像童话世界里的仙城。它就在海边，整座城由童话般的城墙围绕着，里头的房子和路面都是石头砌成的，完完全全的中世纪风格。很多房子都临海而建，想来亚得里亚海必是个平静之海，不会有大风大浪。海水湛蓝，甚是漂亮，水温适当，一点也不冷。很多游客都在海里玩水。附近几个国家曾经都属于南斯拉夫，当时是苏东阵营里最富庶的地区。当强人逝去，不同族裔和宗教的民族分裂成好几个国家，还打了个很是残酷的内战，所以当地人对塞尔维亚人有相当的敌意。这个会里来了两位在美读书的塞尔维亚学生，他们去餐厅吃东西，点了一道菜，服务员说今天没有这个菜的料,点下一个,也是没料,又点一个,也是待料,他们知道不受欢迎,于是就走了。我问他们为什么服务员知道你们是塞尔维亚人。原来他们说的都是同样的话,只是口音不同,所以知道对方是从哪里来的。我从杜布罗夫尼克坐渡轮沿亚得里亚海北上,沿途仙境般的中世纪小城小岛散布林立,美得难以用言语形容。我旁边坐着一个住在克罗地亚的塞尔维亚人,他好心地沿途像导游一样为我们讲解。据说有一个小岛上的小镇特别受欢迎,许多明星巨富都在此置产。当然他也一路讲克罗地亚人的许多坏话。每个地区都有他们的家务事,背着很多历史包袱,外人是难以评判的。

第一次去土耳其的君士坦丁堡是 1999 年参加信号处理学会的年会。这个城市在历史上有着无与伦比的地位。它曾是奥斯曼帝国的首府,也是唯一的一个横跨欧亚大陆的城市,一条连接黑海和地中海的河流穿城而过。它不仅地理位置极其重要,而且地势极美,在旅馆的楼顶可以远眺河水入海口。这里有着基督教和伊斯兰教诉说不完的宗教冲突,也有着西方与近东千年来的政治较量。那时的土耳其经济很弱,一下飞机换了 100 美元,马上有超过百万的土耳其里拉,瞬间尝到"百万富翁"的滋味。

大会晚宴时表演了土式民族舞蹈，我的希腊学生则跟我说那是希腊民族舞，而不是土耳其的。其实这两国比邻而立，历史上有着诸多爱恨交织的情结，加上希腊曾被奥斯曼统治四百余年，仍然存在着一丝恨意。

我第一次到雅典是 2001 年，因为早到，独自在饭店吃晚餐。老板问，你要水还是酒。在欧洲饭店的水都是有气泡的瓶装苏打水，不似美国的冰水。美国人去欧洲饭店要冰水是没有的，只有气泡水。同样地，欧洲人来美国下馆子要气泡水也没有，只有水龙头来的冰水。我问老板要冰水，果然没有，气泡水一瓶要 5 欧元。那酒你怎么卖呢？一壶一升 3 欧元。咦，怎么酒比水还便宜呢？喔，酒是我们自家酿的，自然便宜。虽然我酒量不行，看在钱的分上，便叫了一壶酒，喝得昏昏欲醉。那时朋友带我去喝著名的土耳其咖啡，那是很浓郁没过滤过的咖啡。喝完之后把咖啡渣渣翻倒出来，土耳其算命师便可从中解读运命。两年后再来，又去同样的店喝咖啡，这回变成了希腊咖啡。我问朋友怎么回事？他说现在民族意识高涨，只能说是希式咖啡了。

我发现希腊和中国都是文明古国，所以在很多地方像极了。比方说马路上你会觉得杂乱无章，但是又忙中有序，关关难过关关过。这里坐出租车还有其他地方看不到的习俗。有一次坐在出租车上，路旁有人挥手，车子竟停了下来，司机和那人说了几句我听不懂的话，以为是熟人。不料那人竟上了车坐在前座，我抗议说我还没有到呢。司机说顺路，不会多绕也不会多收费。我问那钱怎么算呢？他说你还是付你的，他会付他的。还是不清不楚，但是这是希腊特别的地方习俗，司机英语不好，有点鸡同鸭讲，也就认了。

可能是天气太好了，在地中海沿岸各国，吃饭的时间和世界其他地方不太一样。希腊的食物非常好吃，还真的有点像中餐，只是没那么油。记得一次希腊第二大银行的大佬们邀约吃一个正式的会餐，下午两点半见面，3点开始正餐。我的希腊朋友拿起叫"cologne"的男人香水，到处喷喷，问我要不要，据说这是正式场合的礼貌之一，我也入乡随俗喷了一喷。晚上和朋友家人一起吃晚餐，快10点了才到他家附近的一个独院餐厅。我问他怎么连招牌都没有，他说在希腊一个好的餐厅社区里的人都知道，不用挂牌。落座之后，服务员很久才过来一次，慢得可以。原来，他们希望你一来便坐上大半天，很快就走会以为客人不喜欢这里。这就奇怪了！我所在的美国，三下五除二就会请客人走路，好招呼下一批人，可以拿更多的小费呢！吃完饭已是半夜，我好奇地问朋友，你们早上几点开始上班呢？他说跟美国一样，9点开始。我也没太当真，心想每天舒舒服服过日子的人怎么可能认真工作而朝九晚五呢？以前去埃及时，好朋友在家请客吃饭，也是约下午两点到家，吃完一顿丰盛的饭已是5点。有一次去葡萄牙开会，缺电池赶紧去电器商店买，门口挂着"1~3点为休息时间"。原来地中海沿岸的人每日的正餐是午餐，通常是下午两三点吃，而晚餐则是八九点吃一个简餐。

葡萄牙算是欧洲的乡下了，因为JM是葡萄牙人，也有几个好朋友在那里，所以去了几次。相对于其他欧洲人，葡萄牙人比较朴实，他们的食物也很好吃，绝不亚于同为地中海食物圈的法国与意大利料理，只是葡萄牙人不善于推销。西班牙、葡萄牙所在的伊比利亚半岛曾被阿拉伯人统治七八百年，所以食物、建筑，甚至语言文字都留下阿拉伯痕迹。其实，葡萄牙人曾是海洋霸主。哥伦布就是葡萄牙人，在里斯本有他的铜像。葡萄牙人是西方国家中第一个探险到东亚来经商的。他们第一个与日本通商，打开了日本通商的门户，也把西方的枪炮带进日本，推动了日本的西化。当我们在京都开会时，日本和葡萄牙教授都认为日本语的谢谢（arigato）源自葡萄牙语的谢谢（abrigato）。可能是接触做生意，彼此要谢谢对方，日语就接受了这个外来语，但是日语中没有"bri"这个音，就直接变成"ri"音了。另一个证据是"arigato"这个词没有汉字来源。同时葡式料理像 tempura 和 coroque 现在已日化，变成最受欢迎的日式洋食料理。

唯一让日本人不愿接受的是葡萄牙人从新大陆带来的棘椒。相传日本在 18 世纪末侵入朝鲜半岛时，西方传教士也跟着去传教，并带去棘椒，结果在朝鲜半岛大受欢迎，同时天主教日后在此也非常普及。葡萄牙也是最早跟中国接触的西方人，Chinese 和 Japanese 来自葡萄牙语，也只有葡萄牙语用"ese"结尾来称呼人。当时是大清帝国，所以葡萄牙语应该是以"Chine"称中国，可是在拉丁语里国家是女性的字眼，须以"a"结尾，变成"China"，念成"chin-na"。但是传到英语国度后，凑巧有一个一模一样的单词"china"，就这样"大清帝国"的英文名便和瓷器的发音一样了。

说到日本，日本友人说日语的文法不像中英文，主词在前动词在后，而是反过来的，对错与否都在句子的最后，一句话得耐心地听到最后才能知道是对是错、接受或者拒绝。所以这是日人有耐心的来源，不像中英文听到第二个字就可以吵架了，而日语得耐心听完，所以感觉日本人都很有礼貌、很有耐心。当时也有土耳其人在场，他们比较了一下两边的文法，发现很接近。蒙古语韩文也是类似的文法。

因为父亲在日本行医，这也是曾祖母的故乡，我经常造访日本。父亲常安排去温泉名汤享受日式的泡汤文化。我们最常去箱根，它就在富士山脚下的静冈县内，是个风景优美、水质极佳的温泉，可以远眺富士山。泡汤是我在日本的最爱。日式温泉男女分开，个个光着身子在不同的温泉池子里泡汤，冬天户外的汤冷热皆有，尤其特异其趣，泡完之后会有一顿丰盛的日式料理，来一趟可以尽情洗去所有的劳累和烦恼。隔天早上又有传统的日式早餐美食，所以来到日本只要有空我们便会造访各个温泉会馆。日本人很内敛、有礼貌，可是吃起汤面来就不一样了。没有唏哩呼噜的声音来大口吃面，这个面是不好吃的。所以面来的时候，日本朋友就先说对不起啦，然后就是唏哩呼噜的声音了。我在京都大学有一个好朋友，找我去演讲几次。晚上他会带我去京大旁的怀石料理小店，店里没有菜单，他与师傅们都熟识，我们坐下来便吃，不用点菜，一道一道的小食便一个一个地上来，都是小小的精致的画画般的摆盘，师傅随着四季的变换有什么就做什么，我的朋友也没多问，这种日子倒是蛮惬意的。

从小就看阿拉伯一千零一夜的童话故事，阿拉伯就似一个神秘的国度隐藏在面纱之中。有一天收到了一个阿联酋大学博士论文口试委员会的邀请，便欣然答应。阿联酋大学坐落在离迪拜一两个小时车程的一个大学城。一个司机从迪拜机场接我之后便开上高速公路，两边都是豪宅。只要是迪拜出生的阿联酋人国家都会给一栋这样的房子。半路上司机说要下车买茶喝，问我要不要，我们就沿路喝着阿拉伯茶去大学城。阿人喝茶在茶里加上薄荷叶、柠檬和蜂蜜，别有一番风味。刚到镇上，司机指着另一边说，那马路的另一边便是另一个国家阿曼了。真的？看起来是同一个小镇，也没标示呢。这里的旅馆好似皇宫，金碧辉煌。

傍晚时分阿联酋大学老师来带我去参加他们为一个即将离职的

老师办的烧烤聚会。这边很热，是一望无际的沙漠，白天达到115华氏度，也就是46摄氏度，所以户外活动几乎都是在傍晚之后。我们往这里唯一的山上开去，山上比较凉快。这条路就直直往山上走，旁边尽是浩瀚的大漠，远远只见路灯直通上天，就像通天的两排天灯，搭配周边广大而黑暗的沙漠，还真的以为自己在往天上开。这里可以一次俯瞰阿联酋和阿曼两个国家一望无际的大漠。在山上有一个停车场，老师们都是约旦人，为一个退休回约旦的同事席别。他们准备了烤肉串，边烤边吃。这是我印象里最好吃的中东烧烤了。阿联酋大学很富，所以有很多人，尤其是中东地区的人在这里工作，因为薪资很好。可是他们也有说不出的埋怨，不管你多么优秀，大学规定阿联酋人在同等职务情况下薪资是外国人的两三倍。隔天到达博士口试会场，原来今天答辩的是一位女学生，我便伸手跟她握手称赞。后来其他老师才跟我说，我不应该和女人握手，在这里男女授受不亲，但是你不知者无罪。原来这个国度，不仅小学、中学，甚至到了大学和研究所，男女学生都分开授课。迪拜尽是美妙绝伦的摩天大楼，令人赞叹。相较之下，文化与商业背景的极端差异，突显出不可调和的矛盾与冲突。

2016年，IEEE董事会安排一个印度拜访之旅。行前印度同事百般交代，在印度所有的盥洗饮食必须全用瓶装矿泉水，甚至刷牙也是，洗澡时嘴巴一直要紧闭，不要让水跑进嘴里，因为印度没有很好的污水处理设施，而且人畜常在空地大小便，所以水质很不好，尤其对外国人来说没有抵抗力，食物没有煮熟的像是沙拉类的都不要吃。听起来有点可怕，可是当身处印度，道路经常堵得水泄不通时，都会看到不少人顺便就在路边大小便，就明白水源污染的问题了。我们先飞到孟买，这里是印度的纽约加好莱坞，有宝莱坞之称，是印度经济和影视中心，也是全球最大的电影出片地。我们住在机场边的万豪酒店，这是一个五星级饭店。我从房间窗口看出，正好是一大片贫民窟，那拥挤狭小的房舍不仅凌乱不堪，很多还没有屋顶，只用蓝色的塑料布盖住，和我们的旅馆形成了不协调两极化的讽刺与对比。我们参观了几个大公司和印度理工学院孟买分校。本来对久负盛名的印度理工学院抱有很大的期待，可是一看之下大失所望，到处是年久失修的楼房和油漆剥落的墙壁，让我怀疑难道这就是印度在全世界知名的高校吗？去厕所时，每个马桶旁都有一个水龙头和一个盆，没有卫生纸，果然左手是用来清洁的。难怪出发前，IEEE的人员再三交代不要用左手和印度人握手，也绝对不要用左手拿食物给别人，那在印度是很没有礼貌的事。

之后也飞去班加罗尔，印度的硅谷，参观了印度科学院，渐渐明白印度南方和北方不仅语言不同，食物、文化、风俗更是不同。印度没有秦始皇在几千年前统一全国，并实施书同文车同轨，所以基本上印度全国是一个从英国人手中接过来的各种不同文化语言杂糅的联邦。难怪我的印度同事经常说从不同地方来的印度人并不互相喜欢，反而经常恶斗，比跟外人斗得还凶呢！印度人同意你的意见时头会左右快速摆动，一开始我还以为是我说错话了或是反对我的意见。这个动作大概是印度人特有的。

到过新加坡好多次，每次来都很赞叹这个城市的整洁干净和秩序，尤其是大部分（约70%）新加坡人是华人，堪为华人社会的榜样。这里来自中国南方什么地方的人都有，广东话，客家话，闽南话，什么地方的方言都有。有一次坐出租车，一路和司机用闽南语相谈甚欢，到达时问他祖籍在哪里？以为他会说厦门或漳州，不料他竟说是潮州，他说的也是潮州话呢。因为新加坡有很多独特的南方口音聚集在一起。新加坡人的英语也独树一帜，可称之为"Singalish"，也就是新式英语。我经常听了半天好似听得懂可是又不太懂，都要让当地的朋友来解释。

第一次到南美开会是我在担任 IEEE 主席之时，很惊讶的是，南美人个性开朗，外向活泼，每次晚宴，甚至会议中场休息时间，他们会即兴娱乐，大家围在一起跳舞。我在 IEEE 三十几年从未见过这种景象。在美国开会，很多人穿衬衫牛仔裤，有牛仔风。在欧洲，大家会套起西装外套。到了日本，必定会打上领带，而且开任何会都很正式。我的日本朋友看我很少系领带，还以为我没有，好心地说要送我领带呢。

IEEE 是个大家庭，这里不分主客，大家都是主人，轮流做东。我们说英国人的英文有英国腔（真的！），美国北方人有纽约腔，南方人有南方口音，更有德法西意希日中韩各国独特的口音，所以每个人都有口音，这就是我为什么在 IEEE 里觉得坦然自在，这里是我的专业家园，没有人会说我的姓氏和口音不对。在 IEEE，各个地方来的人都有。当我初到 IEEE 董事会开会时，在连续吃了四五天平淡无味的食物后，五脏庙实在受不了了，我们几个会和日本人韩国人一起去找亚洲食物来打牙祭，中日韩越新泰都好。有一次，先去啤酒屋买了一大桶生啤酒，然后到一个韩国料理店，由韩国人点菜，大家便唏哩呼噜地大吃起来。一个日本人才吃一口就大声喊道，我真快乐。我们这些亚洲胃还真需要酱油的酱香味和亚式的烹煮调理来满足，每次外出开会几天回家后，必定得换吃中式或任何亚洲料理来祭拜五脏庙，不然的话要造反了。

第一次到中国大陆是1992年，那时北京机场只是一个小建筑物，一下飞机就可直接走进一个小楼房，拿行李的旋转带就在眼前。没有高速公路通向市区，也没有好几环的环城高速公路，听说正在准备兴建。除了几个所谓的五星级饭店，城里几乎没有高楼大厦。我们是外国专家局邀请的访客，住在友谊宾馆，一个古色古香的中式建筑。除了去钓鱼台国宾馆见副总理，也与北大清华中科院交流，那时学界的口头禅是傻博士穷教授，因为刚开始改革开放，就是知识分子最穷，必须傻得放不下理想才会走上学术研究的路。此外也安排了去长城的景点，刚出北京市便是土墙筑成的房子，处处可见牛车载满作物。这些景象和现在的北京几乎判若两个不同世纪的城市，一个是高楼大厦到处耸立的现代化大城市，可以媲美世界任何城市，另一个则像是百年前的景象，可是这两种景象只相隔不到二十年。北京有了六环，有两座世界一流的机场和直通市区的高速公路，完完全全认不得了。相较之下，华盛顿特区早在 1960 年代已有一环高速公路，吵了几十年后，到现在还是只有一环！

那时也去上海，浦东正在破土。车子进了市区和现在一样走不动，只是现在是堵车，当时是被满满当当的自行车和人潮堵得水泄不通。一个朋友带我们去他淮海路的家，说这边是上海的精华地段，他的住处有六户人家，共用一个厨房和卫浴设备，而且是二十世纪初期的建筑。无法理解以生活质量换取都会地段的代价，所以人说上海人有独到的经济哲学和独特的价值观念。

第二次来到上海是 2005 年，一个 IEEE 的国际会议找我做一个主题报告。这时的上海已完全是现代化城市，比纽约还摩登。我们在国际饭店开会，那曾是民国初期上海的地标，今日风华不减当年。它就在南京西路与东路的交会处，对面是人民公园，正是上海最繁华的宝地之一。我在一楼的大厅碰到两个人在卖书画，一问之下才知她们是西安一个画院的师生，她们的院长从他的文艺界朋友那里求了些字画，让她们到上海售卖，为学校筹经费。我正好因为家里墙壁还蛮大的，很少有合适尺寸的画作来装饰，加上我喜好中式书画，正打算到大陆来的时候买一些回去。再回去找她们看字画，只见小女孩已累得趴在桌上睡着了。原来师生俩轮流坐班，来了两三天还没出门到南京路逛逛呢。我便把会议给我的上千美元演讲费和路费全数拿来买下约十幅字画，就当作是我的捐款吧。当然我也很满意能买到文艺人士的作品，家里的墙壁终于增添了不少文艺气息！

我对西湖情有独钟。初见西湖是在 2005 年 10 月中旬，秋高气爽。在浙大开完会便独自去逛西湖，在苏堤就来回走了两趟。也上了雷峰塔，搭了小船上小岛。10 月的西湖甚美，湖映杨柳绿含烟，舟泛碧波水接天。远山烟雾缭绕，点缀着许多不知名的宝塔。不知不觉走了十余公里也不嫌累。之后便上楼外楼大啖杭州美食，人生享受也不过如此。

1992 年第一次到西安历史博物馆，我问导游怎么盖成日本建筑呢，导游说那是唐式建筑，是日本遣唐使把这种建筑风格带到日本的。陕西到处都是文化遗产，那兵马俑气势磅礴，令人赞叹。西安的各式民族美食也是我这老饕的最爱，可是我在西安就没这么幸运了，第一次来时，吃完羊肉泡馍后上吐下泻，省长请客都爬不起来。第二次来时心想我吃遍天下身经百战，再吃它一次，果然没事。第三次再到西安开会，带着日本朋友又去吃一次，这次跟第一回一模一样，隔天坐飞机回美国一路躺平，不能吃喝。第四回到西安便决定不再吃了，敬而远之。

大陆地大物博，但人更多，就是到了海拔 3000 米的九寨沟和黄龙瀑布，人比树还多，照相的背景并不是那青山绿水，而是人山人海。所以排队是一大生存学问，可谓物竞天择，适者生存。有一次在北京国家会议中心开会，就住在紧邻的酒店。早上吃早点，跟师傅说我要一个煎蛋，我就在跟前等着。煎好时，师傅装盘递了过来，正要伸手接时旁边来了个妇人，一手就接了过去。我瞪她一眼，她不在乎地说，我要去机场赶飞机。师傅好心地说我再给你煎一个。这时来了一个中年男子站在我身边，我在气头上，跟他说，请排队，那个蛋是我的。他竟回说，是这样吗？我冲着他说，难道您要用抢的？他摸着鼻子排到我后头去了。下午去首都机场回美，排队出关，前面的人办完离开，我正要向前，后面三五人之后的一个中年男子，拎着公文包竟直接向前走去。我把他拉住说，先生请排队，他竟转向我大声说，你要打架吗？我冲着旁边的警察说，这个人没有排队。众目睽睽之下，他看自讨无趣，只好走回原来的位置。我上前去，那海关官员见怪不怪地说，不要理这种人。

早期到大陆，不管带多少名片都不够用。大家碰面了就要名片。疫情过后也特别带更多的名片过来，因为好几年了，恐怕更有需要，但是却一张都没用上，这回大家拿出手机一个一个地用微信扫二维码添加好友。从以前拿名片互换到今天拿手机互扫，这新技术改变人们的社交行为模式，令外人叹为观止。不仅如此，我在机场肚子饿了想吃早餐，看到南北美食样样都有，食兴大起，可是我的美元信用卡统统没管用，没有店家要收，只有手机的支付宝能喂饱肚子，当时还没有下载，只能饿肚子了。中国的数字化领军全球，我只是在想，万一云上电脑服务器主机宕机了，那机场可有一堆饿鬼了。

厦门是我见过大陆最具自然美的城市。我刚一到还以为到了台湾，厦门、漳州的口音跟台湾几乎一模一样，连市井那骂人的三字经都一样，我原本以为那是"台湾制造"，不知也是中华固有文化传承到台湾来的。这边山景海色也像极了台湾，因为这里以前是战区，所以没有内地的高楼大厦，也没有现代化带来的污染，曾几何时的战区劣势，现在反倒成了最有自然美的环境优势。我住的酒店正对着金门岛，早晨太阳升起的时候，可以远远眺见海平面上微微凸起的山顶，隔着一片宁静的海面，反射着初阳的万千金缕，上面有一艘一艘的渔船，多么得安详平和。两岸之间，看似如此之近，却又如此之远。

每次飞到台湾，一下飞机，空气里充满着熟悉的味道，那独特中式料理的酱香味搭配上油烟味，再加上台湾的潮湿海气和土地的气味，有一种莫名的熟悉，马上就知道我回到台湾了。到了台北，自从游遍世界各地，会觉得那街道两旁因潮湿而呈现出的暗灰的外墙，和那不太协调的道路规划，给人丑丑的感觉。对我来说这个丑小鸭丑得特别贴心，因为我曾经在它的庇护下茁壮成长。我没有资格回来说它丑，也许这正是它可爱的地方了，谦卑的泥土地也能够孕育出最美的花朵。有时搭乘班机抵台时，机上会放那些小时候人人都会唱的台湾风土民谣——天黑黑，要落雨，阿公啊挟锄头去掘路，掘啊掘，掘啊掘，掘到一只钻泥鳅，依呀嘿哟真正趣味……诉说着这片谦卑土地上人们的挣扎，且能够接受命运并从中取乐。

当住在台湾的旅客们兴高采烈地拿下行李准备下机回家，这位游子归人早已热泪盈眶……我又回到那曾经属于我的土地上了。

二十一　无线感知

2009 年的一天，一位从事光学研究的苏格兰物理学家来找我。他说，DARPA 想要解决潜艇里无线通信的问题。因为潜艇为了防止局部漏水影响到整艘船，里面到处都是防水隔间门阀，而且船身都是钢铁，在这种情况下无线通信的效果很不好，因为有太多的电磁波多路径，没有已知的无线通信技术可以解决这个问题，他想用时间反演物理来解决这个问题。因此他来找我，因为我是无线通信信号处理的专家。我顿时感到好奇，我曾尝试把时间反演用在无线通信上，事实上很多人也都想过类似的尝试，但是没有什么进展。因为说实话，我们只知时间反演的皮毛，所以只能有肤浅的想法，做不出什么具体的东西来。

我跟他据实以对，问他为什么认为现在可行。他说要用时间反演必须得看得到很多的电磁波多路径，以前还做不到。现在无线电波带宽够宽，所以时域的分辨率够了。更重要的是半导体芯片的技术也可以做到快速类比与数字信号转换，所以实现时间反演已是水到渠成。他是对的，那时正是可以用商用电磁波器件来执行时间反演的时候了，只是没人知道时间反演在我们的周遭环境中能不能被有效力地使用，以前没有人用商用电磁波做过。如果 DARPA 愿意出钱来验证，那再好不过了。

我们设计了极宽频的发射与接收器，用最新最快速的模拟与数字转换技术，一个面板就要花费 15000 美元。贵是贵，这个极宽频又快速的设计让我们收集到很多的数据来验证这个时间反演的想法是可行的，甚至在一般室内或室外，只要有足够的电磁波多路径信号，效果就会比一般技术好上四倍。这个结论交给 DARPA 之后便不再与我相干，因为之后的实际军事用途是机密的事。

之后我对时间反演物理便充满兴奋与期待。用浅显的道理来说，当一个发射端发送一个脉冲信号时，如果是在外太空，接收端也会只收到一个脉冲信号，可是如果发生在室内，因为有墙壁和各种器具装潢，电磁波会有很多反射折射，接收端会收到各个地方角落反射折射而来的多路径信号。这个多路径信号有成千上万个，而且就在我们周遭，可是我们从不觉得，也不知道，因为电磁波以光速行进，如果通信器材的频宽不够大，是没有办法解析时间轴上快速到达的多路径信号的。这时我们已开始有足够的频宽来看到足够的多路径，尤其是在无线传播中。

时间反演物理说，接收端把看到的多路径，最后到的先送回，然后依序从后到前一一送回，直到送出最先到达的多路径，这些送回的信号不仅会同时到达发射端，而且完全同相位，所以有加成的效果，能量会在此聚焦。也就是说通过时间反演的过程，无线传播中的失真会被这个物理现象完全弥补回来，这是用数字算法完全做不到的事。

我被这个美丽的物理现象深深吸引住，因为我从事一辈子信息信号处理，知道没有算法能做到时间反演可以轻易做到的事，而且我也通过 DARPA 的计划实际验证了时间反演在一般室内环境中的可行性。但是到现在为止，时间反演物理仍鲜为人知，知道的也仅限于科学家，顶多用于实验室或是军用声呐，还没有人用时间反演物理惠及民生和增益我们的生活。我一直在思考怎么把时间反演物理这个美丽的现象带进我们的日常生活。

这时第五代也就是 5G 通信的想法正在萌芽，我立刻明白时间反演的用武之地在哪里了。5G 的大带宽可以看到很多的多路径，让时间反演得以发挥，尤其是在人多的地方，一般 Wi-Fi（无线保真）就没用了，时间反演反而可以用其聚焦的效果把人区分开来，因而可以支持更多的用户。这件事必须先由工程团队把东西做出来验证并采集数据。我于是成立一个新创来开发这项新技术。我们在马里兰大学的孵化中心开始公司的营运，几个以前和现在的学生参与进来。第一件事便是把以前给 DARPA 做的面板实际做到现场可编程门阵列（FPGA）的小芯片中，来证明这个想法行得通，而且成本低到可以商品化。光是这件事就花了我们一年多的时间。我们实际测出并证实时间反演聚焦现象在一般室内环境中的可行性，在 Wi-Fi 5.4GHz（千兆赫兹）频道中，这个聚焦球的直径约 1~2 厘米。这个数字说明了如果有很多的人，在 Wi-Fi 宽频下，我们可以把所有用户区分开来，因为时间反演的聚焦能力在几厘米之内，这样可以大大增加用户数量。

我们用这个概念实际地把视频传输实现出来。一个发射和接收机在一个房间，另一个在另一个房间，互相看不到对方，且隔了很远，我们可以很好地互相传输视频信号，一旦挪开一两厘米的位置，信号就中断了，完全符合我们的预期。大家正在高兴之际，我豁然开朗说，诸位且慢，你们知不知道我们无意中解决了过去几十年来解决不了的室内定位问题？是的，半个世纪以来，全世界都在追求精准的室内定位，可是从未突破瓶颈，为什么？

原来都是多路径在搞鬼！因为室内充满着多路径，产生出很多干扰，在视线之外，也就是说在目视范围之外，基本上无法做到低于一米的定位精度。如果在目视范围内，也只能做到几十厘米或半米的程度。大多数定位都是利用三角测量的方法，就像卫星定位一般，从三个方向来决定一个定点。多路径增加的干扰在不同的场景都不一样，所以没有一个方法可以在所有场景中都做得好。基本上来说，一米的精度是魔咒的极限，几十年来都没法突破。

然而时间反演物理正好相反，它把多路径当成好朋友，越多越好。因为时间反演效果的好坏，跟在目视范围之内或之外无关。如果使用 Wi-Fi，在任何环境中这个定位的精度都在一两厘米。这是一个巨大的突破。在科学领域，以前大家都把多路径当成坏东西，想尽办法把它拿掉或减少它的效应，但是这是做不到且做不好的事，因为每个地方的多路径都不相同，怎么知道如何拿掉或是减少它的效应呢？

我的看法和以前的科学观点截然不同。每一个多路径就好似一个虚拟的传感器，所以我们的周围有成千上万个虚拟传感器，只是肉眼看不见，我们从未知道它们的存在。每一个传感器都能感知到我们周遭的一些信息，所以它们统统都有用，只是我们以前不知道怎么去利用它们。可是要如何控制这些虚拟传感器呢？那就得靠时间反演物理了。时间反演可以让所有的虚拟传感器以完全相同的相位造成完美加成性的效果，能量会在此聚焦，这就提供给我们一个方法来控制多路径，从而达成我们的目的。

这个概念让我们有成千上万的自由度来做定位，而不是像传统的三角测量法只有三个自由度。更胜一筹的是在用时间反演技术时没有必须在目测视距之内的限制，因为时间反演物理基本上把你我之间的时空障碍物，像墙壁、桌椅等全部"拿掉"，好似你我之间空无一物。因为我通过时间反演可以精确到达你的位置，多路径越多，也就是障碍物越多越好。这就是为什么我们可以打破几十年来的一米定位的魔咒。我们能够无意中解决这个几十年来的难题，其实是因为我们并不是要解决室内定位的问题，所以我们没有从传统的定位思维着手，而是从完全不同的角度，用从未用过的物理视角来看待这个问题，结果是无心插柳柳成荫。重点是长久的严格科学训练让我能够一眼看出我们无意之中解决了一个存在了几十年的大难题。在 2017 年的 IEEE 年度信号处理大会上我在做主题演讲时，在三千多人面前当场实际演示了这个定位给大家看，我说你们现在看到的技术终于解决了过去几十年来无法解决的问题。顿时掌声雷动。

为了便于展示，我们用一个玩具火车，在周长 6 米的铁轨上转圈圈。把发射器放在火车上，露出一根约 2 厘米长的天线。另外，在 20 米外隔着三个房间三道墙的房间，也有一个接收器，有着一根同样的天线，这根天线可以实时追踪火车上的天线。能够实时追踪 20 多米外隔着三个房间的天线，正是几十年来许多科学家梦寐以求想要解决的问题。有一天，移动通信公司 Sprint 的一个室内定位专家来到我们这里，他不敢相信他看到的实际展示，便在火车绕行的铁道旁极尽舞动之能事，做尽各种动作，可是并没有影响火车的追踪，他更是深深地崇拜，因为他从未认为这件事是能做到的，后来他变成我们的投资者之一。这是因为时间反演物理利用周遭成百上千的自由度，纵使一些自由度被干扰了，只要还有大部分或是足够的自由度来维持定位精度，它还是能继续追踪，不像传统的三角定位法，只要有一个方向遭到干扰，系统就会失效。

有一次正在做实验，一个人开门走进来，定位便失败了，请他把门关上，就恢复正常了。这又是一个新的发现，我们可以以之来感知决定门窗开与关呢！原来一个大的改变，像门的开关，会影响到时间反演的聚焦状态，只要我们能够判定某个聚焦点是哪种状态，不就能够知道周边的环境了吗？这又是一个大突破，让我们从定位进而走向感知，不仅能够感知周遭的变化，还能隔墙辨识不同的人。我们这个技术不需要特别的硬件，用平常的 Wi-Fi 即可实现，其实任何无线信号像 LTE、5G、6G 均可，只是 Wi-Fi 已经散布到室内的各个角落，容易进行产品化部署。

我一直对这个时间反演聚焦球充满好奇。物理学家只知道会聚焦在一点上,可是我看到的不是一个点,而是一个直径一两厘米的球。如果用 Wi-Fi 5.4GHz 的频率,在频宽不够,也就是看到的多路径不够多的情况下,这个球就会散发成云雾状。那么这个球是否并不是一个实球,而是有一个结构?我让一个新加入的学生来探索这个球到底是什么样子。经过一番努力,我们证实这个球的确不是实心球,它的能量分布是按照贝索微分方程式的规律,有一定的结构。这个结论把时间反演物理往前推进了一大步,以前以为时间反演聚焦是一个点,现在发现这其实是一个能量球,有一定的能量分布。这是一个极其重要的发现和突破,为什么呢?

在室外空间,从汽车到飞机导弹的 GPS(全球定位系统)导航,甚至天文观测,多普勒效应一直是速度测量的经典方法,因为在偌大的空间中可以直接目视观测,没有阻碍,所以多普勒效应很准确。可是到了室内,因为有很多的障碍,没有直接目测,而且有很多的多路径反射,多普勒效应就不管用了。这就是室内很多的应用问题几十年来没有好的解决方法的主要原因之一。我们发现的时间反演效应则刚好相反，在室内多路径的情况下，多路径越多，时间反演效应就越好，聚焦球就越清楚完整。反之在室外没有多路径的情况下，时间反演就力不从心、没有办法了。

当人在室内行走的时候，我们可以从这个能量球的移动分布来精确地知道走多远，从而精确地侦测到行走速度，多路径越多结果越准确，这完全推翻了一直以来的科学认知。也就是说我们的时间反演效应和多普勒效应互补，前者适合于室内多路径而后者适合于室外完全目测的情境。因此时间反演提供了解决室内多路径情境之下多普勒不能做的事，从此开启了一个崭新的方法，把室内应用推向新的境界。

利用这个新发现的原理，我们可以在室内追踪无限多的人。同时我们还可以侦测"跌倒"这个动作，因为跌倒是一个很特别的动作，有着地心引力持续的加速度，直到碰撞的一刹那会有四到五倍地心引力的反向加速度，我们发现的时间反演效应可以清楚地观察到这一点，因此可以用来做很精确的跌倒侦测。当人在走路的时候，每个人都有独特的步态，我们也能清晰地观测到，因此可以知道行走步伐大小、行走步态变化，并侦测到每分钟走几步，行者无须穿戴任何传感器。这个信息可以用来做健康指标的长期观察，从步态的变化来做健康情形的预测。当人静止的时候，我们还可以采集到呼吸信号，从而可以监测睡眠质量，因为我们可以区分眼球快速活动时急促的呼吸。我们甚至可以隔墙认人，因为每个人不仅长相不同，全身也都不一样，因此对电磁波多路径的影响也不同。从此我们可以把这个相异性看成每个人的多路径生物表征来做人的区别。当我们把前述的各种侦测分析能力综合起来，我们就可以做以前难以想象的各式各样的应用。这是一个全新的无线人工智能。这个技术实现了科幻式的梦想。

记得我们被邀请去高通总部给他们的首席执行官和首席技术官展示这些功能时，他们不敢相信我们竟可以做到这些事，因为他们曾花费无数研发经费和人力，但是远远不及。他们看完之后又过来二三十人看展示，原来大老板叫所有的高层来看。我们也被苹果公司邀请去总部展示，尤其是把室内追踪定位技术展示给他们负责地图的副总看，我们一拿到他们的室内地图便在他们室内到处行走，坐在会议室里的人可以清楚地实时监控到人走到哪里且正往哪里去。这位副总也觉得不可思议，他们不知花了多少努力，却始终做不出我们展示的效果。临走时这位副总还要求再看看我们的 Wi-Fi 装置，一副难以置信的样子。

这个贡献最大的影响便是传统上，当我们说"无线"时，下个词马上联想到的大都是"通信"，也就是"无线通信"。我们证明可以利用我们周遭无所不在的电磁波来感知，而不限于通信。也就是说，现在是无线感知的启蒙时期，我们正开启一个崭新的无线人工智能革命，就像三十年前无线通信刚开始的时候，然后 3G、4G，直到现在 5G、6G 时代。我们之所以做得到，是因为我们有时间反演物理的基础原理的重大突破，未来无线世界的发展将以感知的人工智能为主轴，它将带给现在的各工业产业革命性的改变。我们不仅可让传统的 Wi-Fi 变成感知器——无线感知不用任何穿戴设备，是完完全全的无侵入式感知——更能让用户在自然条件下感知到我们周遭的人事物。所以我称无线感知为我们新的第六感，新的无线人工智能，加成于看触听闻味之上的新感觉。这将彻底改变我们的生活方式与福祉。

未来 6G 通信技术将采用毫米波频段，在这个频段下，追踪的精确度可以达到毫米的程度，这个时候大部分的功能就像是雷达，可直接在目视距离内完成各种功能，比如手势辨识、人脸身形影像显示、各种声音的侦测检知和重现。也就是说未来的毫米波 Wi-Fi 有可能取代许多光学摄像机的功能，而用不着真的看到被摄对象。

我把时间反演这个大多数人都陌生的物理概念带进我们的生活世界，它将无所不在地影响并提高我们的生活质量。一个无线感知的人工智能时代即将到来。

在科学探索之旅中，很多重要发现和发明是无心插柳柳成荫。我们一开始要解决 5G 通信的瓶颈，却发现我们竟然解决了一个几十年来全世界不能解决的室内定位问题。然后在追求室内定位的同时，发现我们正在开发一个全新的无线感知的基础理论和技术，这也是几十年来科学家一直梦寐以求但是做不到的。我们能做到这些，并非我们一开始就想要做到，而是因为我们采用了完全不同的思维。英文里常说创造性思考是"think outside the box"，也就是说从既有范畴之外思考。但是要做到这点，我们先得"stand outside the box"，也就是要站在这个范畴之外，才能看到如何重新设计和改变这个范畴。

科学的发展是需要一些运气的，这在科学史上并不罕见。但是我们必须有足够的训练和素养，以便在我们实现重大突破时理解并认知它，这才是重点。然而要具备这个能力，首先要有极为丰富的经验和敏锐的观察力与判断力。我们每天的日常训练正是让我们积累经验，提升我们洞察先机的能力。要记得不要被每天繁杂的琐事埋葬了，我经常做不同的户外活动和运动，曾学过激流皮划艇、攀岩、烹饪，养花植木耕种，看各种书，到世界各地旅行，来维持一颗敏锐的心。实际上，最终决定胜负和带来突破的就是一颗敏锐的心。我忽地领悟到心头难解问题的答案，往往不是在办公室里，而是在纽约的街头、东京的地铁、飞机上，或是在夕阳下一望无际的沙滩上。

二十二　走出象牙塔

话说我被时间反演这个美丽的物理现象深深吸引住，但到现在为止还没有人用时间反演物理惠及民生和改善我们的生活。我一直在思考怎么把时间反演物理带进我们的日常生活，也连续三年写研究计划给美国国家科学基金会，但是都被拒绝了，因为审查的人说，这时间反演在日常人来人往的生活空间是不可能做到的。这其实是科学研究计划审核的通病，阶段性进展的计划容易被了解接受，而革命性的想法很难被接受，大部分的审查人不具备前瞻性的眼光与思维来接受全新的理念，尤其是颠覆性的想法。而且很多基金也不想冒险，怕资助的计划泡汤了拿不出成果。更重要的是，开发一项新技术，要能够真的实现惠及我们的生活是需要商业化和一个工程师团队的，这也不是在学校环境可以做到的。非洲有句谚语：独行快，众行远。在学校里我是自个儿带学生走，但要发展一项真正的技术并且给人类带来福祉是一条长远的路，必须大伙儿一起走。

我在 2012 年 11 月注册了 Origin Wireless 公司，取名 Origin（原点），是取时间反演过程中所有的多路径都会回到原点聚焦之意。同年底有人推荐并接洽，在台湾有投资者已签署同意书要投资，于是我便于 2013 年 1 月在马里兰大学的新创孵化中心注册并租了两间办公室，开始招募员工。这个孵化中心有共享的办公设施，包括厨房、清洁、文具、Wi-Fi、会议室，甚至还有法学院的老师和学生可以帮助申请专利。在这里做的任何发明专利和技术完全属于公司，而且这中心就在校园边上，走路不到十分钟，甚是理想。马里兰大学是个州立大学，它很鼓励老师把科研成果商业化来增加就业机会，而且为马里兰州增加竞争力。平时有事没事都会接到电话，问有没有什么课题可以商业化，他们可以帮忙找资金，找管理人员，我们不用烦心，云云。所以当我真的成立新创时，校方很支持。

问题来了。一个月一个月地过去，这个所谓已签约的投资人迟迟分文未付，我只好自掏腰包来垫付所有的开销。也去了台湾一趟，跟这位要投资的人碰面，一谈便知是个毫无诚信之人。可是棋子也都下了，已收不回，就这样垫付了几次，每次都提醒自己可能再也看不到这些钱了，但是对脱离原雇主来加入的员工我必须遵守承诺，薪资必须得付，这是一个信誉问题。好不容易熬了两年，自己都没有支薪，一个大企业终于投资了，也带来了一个管理团队。

这第一笔资金还了债务之后所剩不多，所以管理团队的第一要务是节流并去找下一轮融资。但是他们花钱很快，钱花完了也没积极争取新的投资，很快公司已负债很多，在这种情况下没有人会继续投资。这时所有的投资者皆丧失信心，请走了这个团队，还希望由我进来营运公司，因为他们和员工都信任我的品德和能力。在创立公司之初我便跟大家说好，我没兴趣做管理，我只负责技术，看起来我不能再坚持，再加上前个公司的前车之鉴，我必须跳进来了。

下一步真是难上加难，巧妇难为无米之炊。庞大的债务对于新创公司是一个致命性的打击，不可能在此时此刻会有人愿意投资的。

我这时想起了 SR，大学时期中友会学长组的学妹。她台大毕业后到美国拿到 MBA，之后她和她的先生到西海岸的一个大城市创业，盖各式房屋，非常成功且早已是亿万富翁，可是他们行事风格非常低调。多年前，他们来东部看望正在上学的孩子，也到我家里坐坐。我用我那老旧的车子，晃动得厉害且下大雨还会漏水，接送他们。她回去之后寄了一张 5 万美元的支票要我换一台安全的新车，我把撕成一半的支票寄还给她说，非常感谢，她的好意我心领了，我会去换一台车。她回说，你帮过我很多忙，却从未开口找我帮忙，如果你需要我帮忙，不要客气，尽量让我知道。

我决定试试，于是便打个电话给 SR。我一开口便解释说我的公司最近招了不当的人，他们……还没讲上三分钟，她就打断我的话说，我知道你的公司，这些事我们见得多了，我认识你三十多年了，我信任你，你不用多说，我只有一个问题。我问，什么问题？她说，你要多少钱？我说，我需要 100 万美元。她说，好，给我一周的时间。我回应她的话说，一周吗？她说，没有人有 100 万美元现金在手上，我得去卖一些东西。她接着说，你手上一定没钱吧？我说，对，只有几千美元。她回说，好的，明天我会先汇 5 万美元进你的银行账户，这样你可以马上动起来。就这样我们起死回生过来。一周后总共 50 万美元已到账，我跟 SR 说，我也在其他地方筹款，不用再汇另外的 50 万美元了，如果不够我会再跟你说，谢谢你在这个阶段帮忙，我希望有一天我能够以十倍奉还。

同时我也已约好在 UCLA 读书时期的一个自印度理工学院来的学弟 M，当时我两年半就从 UCLA 毕业，一度成为他们的偶像。他后来去 IBM 研究中心，一直做到经理，然后被延揽到第一家用人工智能和物理模式在华尔街投资炒股的公司当合伙人。这个公司是华尔街的传奇，所以 M 早已致富并且捐了不少钱给他的母校。我们之间很久没有联系了，所以我花了二十几分钟解释我所做的事情。他也打断了我的话说，我认识你快三十年了，我相信你，而且我知道你做的事没有不成功的。这样吧，我手头有 50 万美元，如果没了也不会影响到我的生活，你就拿去吧。

同时我又找到一个刚上市公司的合作伙伴，愿意出 50 万美元来合作和投资，我们还从其他的关系陆续筹到一些资金，加起来总共有 200 多万美元，给了我们一个翻转的余地。这时已是 2016 年暑假，其实这也只是成长的开始，紧接着的是各种风浪，可谓关关难过关关过，就这么地熬了过来。

RT 是日本一个投资公司的老板，很有远见，一眼就看出这个革命性的技术将会改变世界。他也积极帮忙，就这样凑合着，我们筹到一些钱。在投资界 RT 并不寻常，因为他也是个艺术家，六段的池坊花道大师，连京都的很多艺妓都是他的学生，我们后来成了很好的朋友。

我们也拿下日本 2017 年度最大商展 CEATEC 的最大奖，这是很不容易的事，因为这十几万人参加的展览会只有四个大奖，另三个获奖者都是日本超级大公司，只有我们是个名不见经传的新创。又在一番挣扎之后，我们在 2019 年拿到上千万美元的投资，总算开始稳定下来。

同年春 SM 加入了我们的团队。他本来在一个美国的大企业任副总，和我们合作已两年多，之后决定参加我们的团队，因为他相信我们正在改变世界，他要一起来逐梦。其实我们商业团队的很多人，本来在我们生意伙伴那边，是和我们对接合作的领导人，在认识和了解我们的技术和团队之后，我们没有去挖角，但是一个一个地选择加入我们的团队，不仅注入了更多创意和力量，也为我们公司的技术和企业文化做了见证。SM 的专长就是我们最缺乏的市场营销，他来之后组建并领导我们的商业团队，这便是我们的一个转折点。从此我们就渐渐步入正轨，开始起飞。我们拿到了三个 CES 最佳创新奖、德国有名的红点设计奖和各种奖项。同时在 2019 年 10 月，我们的技术也通过一个世界知名的 Wi-Fi 品牌带到百余个国家，让一般的 Wi-Fi 不仅能上互联网，而且还可以提供家庭安防，甚至还可以做老人的健康状况监测。欧美亚各个领域的世界级大公司，从芯片到电信运营商、家庭安防、老人长期照护、照明、冷暖气公司，甚至手机和社群媒体公司，都在和我们谈合作，我们的技术正在从基本面上改变各个不同的工业领域。

SM 兢兢业业，能力强，经验足，又苦干实干，人也忠厚，我们成为好朋友。一个好的领袖不需要凡事自己做，而是要创造条件，让周遭的人和团队能够成功。有一天下午 6 点半，该回家了，他还在办公室工作，我路过便把包放下，关起门来说，我想了很久，我想把 CEO 的位子交给你。他不敢相信地看着我。我继续说，是的，你从没说你要，但是我知道你会是很好的 CEO，重要的是我信任你。我从来没有想过要做 CEO，我是不得不在最艰难时跳进来，我的心在科学技术研究里，我想回到我的初心，所以我会全心负责技术的研究和发展，并且我也会继续担任董事长，带领董事会来支持管理团队。SM 对这个没有预期的谈话搞得不知所措，他跟我握手说，谢谢你的赏识，我会尽全力而为，不会让你失望。公司一个新的篇章就这样开始了，无线感知的人工智能应用是无限的，渐渐地我们从草创阶段迈向商业化起飞扩展的阶段。

在 2021 年 3 月的一天，马里兰大学来信说，你的公司已经有很多员工，而且有很多投资，我们不再认定它是一个初创公司，所以学校不能再给你豁免，在这个前提下，你不能担任公司的主管，也不能在董事会任职。我说我们在业界和投资界都被认定为 B 阶段的新创，网上都找得到这个认知，所有人都认定我们是初创，况且我们只有五十人，也没有大的营收。一个负责的校委说，以过去学校惯例，我们不能再认定你的公司还在新创阶段。这是州法，我们都算是公务员，所以必须遵守州法，如果是私立学校，像斯坦福大学，则和州法无关，或是西海岸的学校，像是加州大学，因为加州法律已经更新完善，也就没有这个问题了。他也举个前例，有一个物理系的教授，他的量子计算初创也很成功，学校也是同样的立场，后来他为此离开马里兰大学去了一个很好的南方私立大学，公司上市的时候他还是首席技术官，也在董事会任职，没有这个所谓过时州法的问题。

我们的团队因为相信我而离职来加入，投资者因为相信我而投入资金，我们都有一个共同的梦想，我们正在改变世界，这不是以功名利禄来衡量的，我不能也不会拍拍屁股走人。我们都已在同一条船上。现在并非飞黄腾达的时候，其实现在正是困难艰危的时候，正因为如此，我更不能背弃我对员工和投资者的承诺，只有选择从学校退休，没有其他的选择。学校各级领导也积极奔走为我游说，不愿让我选择退休。新来的院长还找我谈话，试图改变我的想法，但是最后他也说，我完全同意也了解你的感受，我的父亲是个军人，他从小就教育我，我们说的话就是承诺，代表我们的人格，不能改变，这将是学校极大的损失。我跟他说我心意已决，去实现我的梦想，希望能做出与我大半生学术生涯完全不同的影响和贡献。未来我并没有这样打算，但是现在这是我想做也必须做的事。

在马里兰大学的教育岗位上奉献了三十多年，于2021年底我提出了退休申请，因为我必须忠于我的承诺。其间，曾经不下三四十所大学，从东海岸到西海岸，甚至亚洲，来找过我，有讲席教授、系主任、院长、大学校长，我还是秉持着一贯的理念，继续做我想做的事，追寻我的梦想。我从未因冠冕堂皇的头衔、排名或是追逐上位而动心，放弃正在追寻的梦。我也深信无论我在哪里，只要我秉持一贯做人做事的态度，就可以成就我想要做的事。

后来在2025年1月，一位马里兰大学医学院的资深教授和我联络，他说他是马里兰州大学系统教授理事会的副主席。这个理事会直接在马里兰州大学系统的董事会之下，其职责是作为总校长的顾问提供建议且协助处理问题。马里兰州大学系统下辖十几个大学和分校，包括马里兰大学。所以总校长之下便是各个大学的校长。大学系统的主要任务是和州长、州议员们协调合作，为大学争取经费和制定教育的规章制度。他说他处理过很多因为州法不完善而导致的相关教授创新创业的诸多不合理问题，他们正和州长、州议员提出改善的法案。他听说我也曾遭遇到同样的困扰，希望我能帮忙来改善，如果有听证会希望我能参与。我慨然应允，虽然这迟来的州法改善对已经发生过的事于事无补，但我希望以后不会有人再遇到这么荒唐的事。

二十三 追梦人的新历程

就这样我从任职三十一年的马里兰大学退休了。那是一个终身教职，学校会支付我的薪水直到我生命的最后一天，而且还是全校只有 5% 的教授才拥有的"大学杰出教授"。很多人觉得可惜，可是除了我的承诺之外，我还有更重要的事。我的团队和我相信我们的无线人工智能技术正在改变世界，让这个世界更美好，这是一个未曾有过的革命性技术，是我们共同的梦想。我已经做了一辈子的学术研究，也拿到了各种奖励，这个契机让我能够用我的技术直接影响整个社会和全球。于是我全力以赴，义无反顾。

很多人问我以后有什么打算。我当然希望我们的新创能成长为一个独角兽，一个举足轻重的企业，让所有团队都能分享到成功的果实。纵使我们没有成功，我们开发的技术也会是一颗种子，继续茁壮成长。现在是无线感知时代的开端，它的应用发展和对人类生活福祉的影响将是不可限量的，我们会坚定地走向未来。但成也不必是我，我已经很幸运地在学术界闯荡了四十余年，只有感恩而没有遗憾。至于最后的这个梦想是成是败，不再是我能左右的事，也只能尽人事听天命了。每个人对自己满意与否，是自己的选择与决定，而成就则是由后世来评价的。就留给历史了！

这里让我借用三国演义的结尾语，略做修改来结尾吧：

纷纷世事无穷尽，
天数茫茫不可测。
鼎足问学已非梦，
后人论评留汗青。

也有年轻学子问我，能给他们一些人生的建议吗？我反问他们，如果我可以在六十余岁的时候，放弃一个崇高的终身教职去追求我的梦想，你有什么好担心会失去的呢？趁你还年轻的时候，没有什么牵挂，去追求你的梦想，去做你想要做的事。没有冒险就不会有收获。不要等到你有房产、孩子和各种义务牵绊你的时候，才后悔失去了追求梦想的机会。为什么你选择做一个工程师和科学家？因为每个人都有一个初心，一个梦想。那就拿出勇气放手去做，只有这样才能改变自己，改变社会，改变世界。改变世界的人都是勇敢追求梦想的人。

不要担心有什么回报，没有舍，哪有得？人生是一种态度，一个过程，它没有输赢，总有起伏，有得意的时候，也有失意的时候，重要的是，在这个过程当中，我们是不是在每个时间点都活得精彩充实，而留下一丝贡献。没有伏，焉知起？一个充实的过程就是充实的人生，那是最好的收获。任何一个失败只是告诉我们不要再犯同样的错误。当梦想成真的时候，自然会有回报。人生好比骑单车，只有持续往前跑才能平稳，一停下来便有可能倒下。

如果你感叹时不我与、平庸无奇，或当你接连失败时，不要灰心，可能你的机遇还没到来。人生的际遇就像是在冲浪，我们等着那个属于我们的浪头到来，一脚踩上，踏浪而去。当一波一波的浪过来之时，我们是不是已准备好，有能力踏上一个大浪呢？当错失了一个浪头，下一个可能更大的迟早会来到，我们是不是准备好踏上这个更大的浪头呢？

庄子说，无用之用，方为大用，正是此意。不忘初心，方得始终。每一个人都有他潇洒存在于这个世界上的理由。只是那个答案只有走过人生的终点线之后才会揭晓。

当台大颁给我杰出校友奖时，我在他们制作的视频里说道，我希望因为有我的存在，这个世界会更美好。

我想做不平凡的事，但我只想做一个平凡的人。追梦去。

我是一个追梦的人。